JOHANNES VON TEPL

Der Ackermann
und der Tod

TEXT UND ÜBERTRAGUNG

ÜBERTRAGUNG, ANMERKUNGEN
UND NACHWORT VON FELIX GENZMER

BIBLIOGRAPHIE
VON WOLFGANG MIEDER

PHILIPP RECLAM JUN. STUTTGART

Universal-Bibliothek Nr. 7666
Alle Rechte vorbehalten
© 1963, 1984 Philipp Reclam jun. GmbH & Co., Stuttgart
Durchgesehene und bibliographisch erneuerte Ausgabe 1984
Gesamtherstellung: Reclam, Ditzingen. Printed in Germany 1997
RECLAM und UNIVERSAL-BIBLIOTHEK sind eingetragene Marken
der Philipp Reclam jun. GmbH & Co., Stuttgart
ISBN 3-15-007666-8

Der Ackermann und der Tod

DER ACKERMAN. Das erste capitel.

Grimmiger tilger aller leute, schedlicher echter aller werlte, freissamer morder aller menschen, ir Tot, euch sei verfluchet! Got, ewer tirmer, hasse euch, vnselden merung wone euch bei, vngeluck hause gewaltiglich zu euch: 5 zumale geschant seit immer! Angst, not vnd jamer verlassen euch nicht, wo ir wandert; leit, betrubnuß vnd kummer beleiten euch allenthalben; leidige anfechtung, schentliche zuversicht vnd schemliche verserung die betwingen euch groblich an aller stat; himel, erde, sunne, 10 mone, gestirne, mer, wag, berg, gefilde, tal, awe, der helle abgrunt, auch alles das leben vnd wesen hat, sei euch vnholt, vngunstig vnd fluchen euch ewiglichen! In bosheit versinket, in jamerigem ellende verswindet vnd in der vnwiderbringenden swersten achte gotes, aller leute vnd 15 ieglicher schepfung alle zukunftige zeit beleibet! Vnuerschampter bosewicht, ewer bose gedechtnuß lebe vnd tauere hin on ende; grawe vnd forchte scheiden von euch nicht, ir wonet wo ir wonet: von mir vnd aller menniglich sei vber euch ernstlich zeter geschriren mit gewundenen 20 henden!

DER TOT. Das ander capitel.

Horet, horet, horet newe wunder! Grausam vnd vngehorte teidinge fechten vns an. Von wem die kumen, das ist vns zumale fremde. Doch drowens, fluchens, zetergeschreies, hendewindens vnd allerlei angeratung sein wir 25 allen enden vnz her wol genesen. Dannoch, sun, wer du bist, melde dich vnd lautmere, was dir leides von vns widerfaren sei, darvmb du vns so vnzimlich handelst, des wir vormals vngewonet sein, allein wir doch manigen 30 kunstenreichen, edeln, schonen, mechtigen vnd heftigen leuten sere vber den rein haben gegraset, davon witwen vnd weisen, landen vnd leuten leides genugelich ist geschehen. Du tust dem geleich, als dir ernst sei vnd dich not

4

Grimmiger Tilger aller Leute, schändlicher Ächter aller Wesen, schrecklicher Mörder aller Menschen, Ihr, Tod, Euch sei geflucht! Gott, Euer Schöpfer, hasse Euch, wachsendes Unheil hause bei Euch, Mißgeschick suche gewaltig Euch heim, gänzlich geschändet seid immer! Angst, Not und Jammer verlasse Euch nicht, wo Ihr wandert; Leid, Betrübnis und Kummer geleite Euch allenthalben; leidige Gegnerschaft, schandbare Mißachtung und schmachvolle Abwendung, sie bedränge Euch gründlich an jeder Statt! Himmel, Erde, Sonne, Mond, Gestirne, Meer, Gewässer, Berg, Gefilde, Tal, Aue, der Hölle Abgrund, alles was Leben und Wesen hat, sei Euch unhold, abgünstig und fluche Euch ewiglich! In Bosheit versinket, in jämmerlichem Elend verschwindet und in der unaufhebbaren schwersten Acht Gottes, sämtlicher Menschen und aller Geschöpfe bleibet alle künftige Zeit! Schamloser Bösewicht, Euer böses Gedächtnis lebe und dauere fort ohne Ende; Grauen und Furcht scheide nicht von Euch, wo Ihr wandert und wohnet! Von mir und aller Menschheit sei über Euch wahrhaft Zeter geschrien mit gerungenen Händen!

DER TOD. Das 2. Kapitel

Hört, hört, höret neue Wunder! Grausame und unerhörte Klagen fechten Uns an. Von wannen die kommen, ist fürwahr Uns fremd. Doch Drohen, Fluchen, Zeter schreien, Hände ringen und jederlei Angriff hat Uns allenthalben bisher nicht geschadet. Dennoch, Sohn, wer du bist, melde dich und tue kund, welches Leid dir von Uns widerfahren sei, darum du Uns so unziemlich behandelst, wie Wir bislang es gewohnt nicht sind, wiewohl Wir doch manchen kenntnisreichen, edeln, schönen, mächtigen und standhaften Leuten sehr über den Rain gegraset haben, wodurch Witwen und Waisen, Landen und Leuten Leides genugsam geschehen ist! Du tust gleich einem, dem es ernst ist, wie wenn schwere Not

swerlich betwinge. Dein klage ist one done vnd reime; davon wir prufen, du wellest durch donens vnd reimens willen deinem sinn nicht entweichen. Bistu aber tobend, wutend, twalmig oder anderswo one sinne, so verzeuch vnd enthalt vnd bis nicht zu snelle so swerlich zu fluchen 5 den worten, das du nicht bekummert werdest mit afterrewe. Wene nicht, das du vnser herliche vnd gewaltige macht immer mugest geswechen. Dannoch nenne dich vnd versweig nicht, welcherlei sachen dir sei von vns so twenglicher gewalt begegent. Rechtfertig wellen wir wer- 10 den, rechtfertig ist vnser geferte. Wir wissen nicht, wes du vns so frevelich zeihest.

DER ACKERMAN. Das III. capitel.

Ich bins genant ein ackerman, von vogelwat ist mein pflug, vnd wone in Behemer lande. Gehessig, widerwer- 15 tig vnd widerstrebend sol ich euch immer wesen: wann ir habt mir den zwelften buchstaben, meiner freuden hort, aus dem alphabet gar freissamlichen enzucket; ir habt meiner wunnen lichte sumerblumen mir aus meines herzen anger jemerlich ausgereutet; ir habt mir meiner selden 20 haft, mein auserwelte turteltauben arglistiglichen entfremdet: ir habt vnwiderbringlichen raub an mir getan! Weget es selber, ob ich icht billich zurne, wute vnd klage: von euch bin ich freudenreiches wesens beraubet, tegelicher guter lebetage enterbet vnd aller wunnebringender 25 rente geeussert. Frut vnd fro was ich vormals zu aller stunt; kurz vnd lustsam was mir alle weile tag vnd nacht, in geleicher masse freudenreich, geudenreich sie beide; ein iegliches jar was mir ein gnadenreichs jar. Nu wirt zu mir gesprochen: schab ab! bei trubem tranke, auf durrem 30 aste, betrubet, swarz vnd zersorend beleib vnd heul on vnderlaß! Also treibet mich der wint, ich swimme dahin durch des wilden meres flut, die tunnen haben vberhant genumen, mein anker haftet nindert. Hiervmb ich on ende schreien wil: Ir Tot, euch sei verfluchet! 35

dich bedrücke. Deine Klage ist ohne Reime, woraus Wir schließen, du wollest um Tönens und Reimens willen deinem Sinn nicht entweichen. Bist du aber tobend, wütend, umnebelt oder sonst von Sinnen, so verzieh, halt ein und sei nicht zu schnell, so grausam zu fluchen; denn gib acht, damit du nicht bekümmert werdest durch spätere Reue! Wähne nicht, daß du Unsere herrliche und gewaltige Macht jemals schwächen könntest! Dennoch nenne dich und verschweig nicht, in welcher Sache dir von Uns so schreckliche Gewalttat geschehen! Rechtfertig vor dir wollen Wir werden; rechtfertig ist Unser Verfahren. Wir wissen nicht, wes du so freventlich Uns zeihest.

DER ACKERMANN. Das 3. Kapitel

Ich bin genannt ein Ackermann. Vom Vogelkleid ist mein Pflug; ich wohne im Böhmer Lande. Gehässig, widerwärtig und widerstrebend will ich Euch immer sein. Denn Ihr habt mir den zwölften Buchstaben, meiner Freuden Hort, aus dem Alphabet gar schrecklich ausgerissen; Ihr habt meiner Wonnen lichte Sommerblume mir aus meines Herzens Anger jammervoll ausgejätet; Ihr habt mir meines Glückes Halt, meine auserwählte Turteltaube arglistig entwendet; Ihr habt unwiederbringlichen Raub an mir getan. Erwäget selber, ob ich mit Fug Euch drum zürne, wüte und klage: durch Euch bin ich des freudenreichen Daseins beraubt, täglicher, guter Lebenstage entwehrt und alles wonnenbringenden Gewinnes enttäußert. Frisch und froh war ich vormals in jeder Stunde; kurz und lustsam war mir Tag und Nacht, in gleicher Weise freudenreich, wonnenreich alle beide; ein jegliches Jahr war mir ein gnadenreiches Jahr. Nun wird zu mir gesprochen: Kratz ab! Bei trüben Gedanken, auf dürrem Aste, finster und verdorrend bleib und jammere ohn Unterlaß! Also treibt mich der Wind, ich schwimme dahin durch des wilden Meeres Flut, die Wogen haben Oberhand gewonnen, mein Anker haftet nirgends. Drum will ich ohne Ende schreien: Ihr, Tod, Euch sei geflucht!

Wunder nimpt vns solcher vngehorter anfechtung, die
vns nimmer hat begegent. Bistu ein ackerman wonend in
Behemer lande, so dunket vns, du tust vns heftiglich
vnrecht, wann wir in langer zeit zu Behem nicht endeli- 5
ches haben geschaffet, sunder nu newlich in einer festen,
hubschen stat, auf einem berge werlich gelegen; der haben
vier buchstaben: der achzehende, der erste, der dritte vnd
der drei vnd zwenzigiste in dem alphabet einen namen
geflochten. Da haben wir mit einer erberen seligen tochter 10
vnser genade gewurket; ir buchstabe was der zwelfte. Sie
was ganz frum vnd wandelsfrei, wann wir waren gegen-
wurtig, do sie geboren wart. Do sante ir fraw Ere einen
gerenmantel vnd einen erenkranz; die brachte ir fraw Selde. Den mantel vnd den erenkranz brachte sie ganz, vnze- 15
rissen vnd vngemeiligt mit ir vnz in die gruben. Vnser vnd
ir gezeuge ist der erkenner aller herzen. Guter gewissen,
fruntholt, getrew, gewere vnd zumale gutig was sie gen
allen leuten. Werlich so stete vnd so geheure kam vns zu
handen selten. Es sei dann die selbe die du meinest: anders 20
wissen wir keine.

DER ACKERMAN. Das V. capitel.

Ja herre, ich was ir friedel, sie mein amye. Ir habt sie hin,
mein durchlustige augelweide; sie ist dahin, mein fride-
schilt vur vngemach; enweg ist mein warsagende wun- 25
schelrute. Hin ist hin! Da stee ich armer ackerman allein;
verswunden ist mein lichter stern an dem himel; zu reste
ist gegangen meines heiles sunne: auf geet sie nimmermer!
Nicht mehr geet auf mein flutender morgensterne, gelegen ist sein schimmern, kein leitvertreib han ich mer: die 30
finster nacht ist allenthalben vor meinen augen. Ich wene
nicht, das icht sei, das mir rechte freude immermer muge
widerbringen, wann meiner freuden achtber banier ist mir
leider vndergangen. Zeter! waffen! von herzengrunde sei

Wunder nimmt Uns solch unerhörter Angriff, der Uns noch nie begegnet ist. Bist du ein Ackermann, wohnend im Böhmer Lande, so dünkt Uns, du tust Uns schweres Unrecht, da Wir seit langer Zeit in Böhmen nichts Endgültiges gewirkt haben, außer nun kürzlich in einer festen, schmucken Stadt, auf einem Berge wehrlich gelegen; der haben vier Buchstaben: der 18., der 1., der 3. und der 23. des Alphabets ihren Namen geflochten. Da haben Wir an einer ehrbaren, seligen Tochter Unser Gnadenwerk vollbracht; ihr Buchstabe war der zwölfte. Sie war gar tüchtig und makelfrei; denn Wir waren gegenwärtig, als sie geboren ward. Da sandte ihr Frau Ehre einen Gerenmantel und einen Ehrenkranz; den Mantel und den Kranz brachte sie ganz, unzerrissen und unbefleckt mit sich in die Grube. Unser und ihr Zeuge ist der Erkenner aller Menschen. Reines Gewissens, dienstfertig, treu, wahrhaft und zumal gütig war sie gegen alle Leute. Wahrlich, eine so sanfte und stetige kam Uns selten zu Handen; es sei denn diese, die du meinest: sonst wissen Wir keine.

DER ACKERMANN. Das 5. Kapitel

Ja, Herr, ich war ihr Friedel, sie meine Liebste. Ihr nahmt sie hin, meine freudenreiche Augenweide. Sie ist dahin, mein Friedeschild vor Ungemach; fort ist meine wahrsagende Wünschelrute. Hin ist sie, hin. Da stehe ich armer Ackermann alleine! Verschwunden ist mein lichter Stern am Himmel; zur Rüste ist gegangen meines Heiles Sonne, auf geht sie nimmermehr. Nicht mehr geht auf mein strahlender Morgenstern; verblichen ist sein Schein. Keinen Leidvertreib habe ich mehr; finstere Nacht ist allenthalben vor meinen Augen. Ich wähne nicht, daß etwas sei, was mir rechte Freude jemals wiederbringen könnte; denn meiner Freuden stolzes Banner ist mir zum Leide hingesunken.

Zeter! Waffen! sei von Herzensgrunde geschrien. Über das

geschriren vber das verwassen jar, vber den verworfen tag
vnd vber die leidigen stunde, darin mein steter, herter
diamant ist zerbrochen, darin mein rechte furender leite-
stab vnbarmherziglich mir aus den henden wart gerucket,
darin ist zu meines heiles vernewendem jungbrunnen mir 5
der weg verhawen. Ach on ende, wee on vnderlaß vnd
jameriges versinken, gefelle vnd ewiger fal sei euch Tot zu
erbeigen gegeben! Lastermeiliger, schandengiriger, wir-
denloser vnd grisgramiger sterbet vnd in der helle erstin-
ket! Got beraube euch ewer macht vnd lasse euch zu pul- 10
uer zerstieben! One zil habet ein teufelisch wesen!

DER TOT. Das VI. capitel.

Ein fuchs slug einen slafenden lewen an den backen:
darvmb wart im sein balg zerissen; ein hase zwackte einen
wolf: noch heute ist er zagellos darvmb; ein katze krelte 15
einen hunt, der da slafen wolte: immer muß sie des hundes
feintschaft tragen. Also wiltu dich an vns reiben. Doch
gelauben wir, knecht knecht, herre beleibe herre. Wir
wellen beweisen, das wir rechte wegen, rechte richten vnd
rechte faren in der werlte: Wir niemands adels schonen, 20
grosser kunst nicht achten, keinerlei schone ansehen, gabe, liebe, leides, alters, jugent vnd allerlei sachen nicht
wegen. Wir tun als die sunne, die scheinet vber gut vnd
bose: wir nemen gut vnd bose in vnsern gewalt. Alle die
meister, die die geiste kunnen twingen, mussen vns ire 25
geiste antwurten vnd aufgeben; die bilwisse vnd die zau-
berinne kunnen vor vns nicht beleiben, sie hilfet nicht, das
sie reiten auf den krucken, das sie reiten auf den bocken;
die erzte, die den leuten das leben lengen, mussen vns
zu teil werden, wurze, kraut, salben vnd allerlei apote- 30
kenpuluerei kan sie nicht gehelfen. Solten wir allein den
feifaltern vnd den hewschrecken rechnung tun vmb ir
geslechte, an der rechnung wurde sie nicht benugen. Oder
solten wir durch aufsatzes oder durch alfantzes, durch
liebe oder durch leides willen die leute lassen leben, aller 35

Jahr, über den Unheilstag und über die leidige Stunde, da mein steter, harter Diamant zerbrochen ist, da mir mein recht mich leitender Wanderstab unbarmherzig aus den Händen gerissen ward, da mir der Weg zu meines Heiles erneuerndem Jungbrunnen versperrt ward.

Ach ohne Ende, Wehe ohn Unterlaß, jämmerliches Versinken, Sturz und ewiger Fall sei Euch, Tod, zu Erbe und Eigen gegeben! Lasterbefleckt, schandgierig und zähneknirschend sterbet und vergeht im Stank der Hölle! Gott beraube Euch Euerer Macht und lasse sie zu Staub zerstieben! Ohne Ende führet ein teuflisch Dasein!

DER TOD. Das 6. Kapitel

Ein Fuchs schlug einen schlafenden Löwen an die Backe; darum ward ihm sein Balg zerrissen. Ein Hase zwickte einen Wolf; noch heute ist er schwanzlos darum. Eine Katze krallte einen Hund, der da schlafen wollte; immer muß sie des Hundes Feindschaft tragen. Also willst du dich an Uns reiben. Doch glauben Wir: Knecht bleibe Knecht, und Herr bleibe Herr! Wir wollen beweisen, daß Wir recht wägen, recht richten und recht verfahren in der Welt, niemandes Adels schonen, großes Wissen nicht achten, keinerlei Schönheit je ansehen, Gabe, Liebe, Leid, Alter, Jugend und sonstige Dinge nicht wägen. Wir tun gleich der Sonne, die scheinet über Gut und Böse: Wir nehmen Gut und Böse in Unsere Gewalt. Alle Meister, die die Geister zwingen können, müssen Uns ihren Geist ausantworten und übergeben. Die Schwarzkünstler und Zauberinnen können vor Uns nicht bestehen; es hilft ihnen nichts, daß sie reiten auf Stöcken, daß sie reiten auf Böcken. Die Ärzte, die den Leuten das Leben verlängern, müssen Uns zuteil werden: Wurzeln, Kräuter, Salben und allerlei Apothekenpulver können ihnen nicht helfen. Sollten Wir nur den Faltern und Heuschrecken Rechnung ablegen über ihr Geschlecht, die Rechnung würde ihnen nicht Genüge tun. Oder sollten Wir um der Feindschaft, um Liebes oder Leides willen die Leute leben lassen? Der ganzen Welt

der werlte keisertum weren nu vnser, alle kunige hetten ir
krone auf vnser haubet gesetzet, ir zepter in vnser hant
geantwurt, des babstes stul mit seiner dreigekronten infel
weren wir nu gewaltig. Laß steen dein fluchen, sage nicht
von Poppenfels newe mere; haw nicht vber dich, so reisen 5
dir die spene nicht in die augen!

DER ACKERMAN. Das VII. capitel.

Kunde ich gefluchen, kunde ich geschelten, kunde ich
euch verpfeien, das euch wirser dann vbel geschehe, das
hettet ir snodlichen wol an mir verdienet. Wann nach 10
grossem leide grosse klage sol folgen: vnmenschlich tet
ich, wo ich solch lobeliche gotes gabe, die niemant dann
got allein geben mag, nicht beweinte. Zwar trauren sol ich
immer: entflogen ist mir mein erenreicher falke, mein tu-
genthafte frawe. Billichen klage ich, wann sie was edel der 15
geburte, reich der eren, schon, frutig vnd vber alle ire
gespilen gewachsener persone, warhaftig vnd zuchtig der
worte, keusche des leibes, guter vnd frolicher mitwonung
– ich sweige als mer ich bin zu swach alle ir ere vnd tugent,
die got selber ir hat mitgeteilt, zu volsagen; herre Tot, ir 20
wisset es selber. Vmb solch groß herzenleit sol ich euch
mit rechte zusuchen. Werlich were icht gutes an euch, es
solte euch selber erbarmen. Ich wil keren von euch, von
euch nicht gutes sagen, mit allem meinem vermugen wil
ich euch ewiglich widerstreben: alle gotes tirmung sol mir 25
beistendig wesen wider euch zu wurken; euch neide vnd
hasse alles, das da ist in himel, auf erden vnd in der helle!

DER TOT. Das VIII. capitel.

Des himels trone den guten geisten, der helle abgrunt den
bosen, irdische lant hat got vns zu erbeteile gegeben. Dem 30
himel fride vnd lon nach tugenden, der helle pein vnd
strafung nach sunden, der erden kloß vnd meres stram mit
aller irer behaltung hat vns der mechtig aller werlte herzog

12

Kaisertum wäre nun Unser; alle Könige hätten ihre Krone auf Unser Haupt gesetzt, ihr Zepter Unserer Hand übergeben; des Papstes Stuhl mit seiner dreigekrönten Bischofsmütze wäre in Unserer Gewalt. Laß sein dein Fluchen; sage nicht von Schwatzenfels neue Mären; hau nicht über dich, so fallen dir die Späne nicht in die Augen!

DER ACKERMANN. Das 7. Kapitel

Könnte ich fluchen, könnte ich schelten, könnt ich Euch schmähen, daß Euch schlimmer denn übel geschehe, das hättet Ihr schnödiglich wohl an mir verdient. Denn nach großem Leiden soll große Klage folgen: unmenschlich täte ich, wenn ich solch lobesame Gottesgabe, die niemand denn Gott allein geben kann, nicht beweinte. Wahrlich, trauern muß ich immer. Entflogen ist mir mein ehrenreicher Falke, meine tugendhafte Frau. Mit Fug klage ich; denn sie war edeler Geburt, reich an Ehren, rüstig und all ihre Gespielen überragender Gestalt, wahrhaft und züchtig in Worten, keuschen Leibes, gut und fröhlich im Umgang – ich schweige, zumal da ich zu schwach bin, all ihre Tugend, die Gott selbst ihr verliehen hat, voll zu künden; Herr Tod, Ihr wisset es selber. Um so großes Herzeleid muß ich Euch mit Recht verklagen. Wahrlich, wäre etwas Gutes an Euch, es würde Euch selber erbarmen. Ich will mich wenden von Euch, von Euch nichts Gutes sagen. Nach allem meinem Vermögen will ich Euch ewiglich widerstreben; die ganze Schöpfung soll mir Beistand leisten, wider Euch zu wirken. Euch befehde und hasse alles, was da ist im Himmel, auf Erden und in der Hölle!

DER TOD. Das 8. Kapitel

Des Himmels Thron den guten Geistern, der Hölle Grund den Bösen, die irdischen Lande hat Gott Uns zum Erbteil gegeben. Dem Himmel Frieden und Lohn für Tugenden, der Hölle Pein und Strafen für Sünden; der Erde Kugel und Meeres Strom mit allem, was sie enthalten, hat Uns der mächtige

befolhen den worten, das wir alle vberflussigkeit ausreu-
ten vnd ausjeten sullen. Nim vur dich, du tummer man,
prufe vnd grab mit sinnes grabestickel in die vernunft, so
findestu: hetten wir sider des ersten von leime geklecketen
mannes zeit leute auf erden, tiere vnd wurme in wustung   5
vnd in wilden heiden, schuppentragender vnd slipferiger
fische in dem wage zuwachsung vnd merung nicht ausgereutet – vor kleinen mucken mochte nu niemant beleiben,
vor wolfen torste nu niemant aus; es wurde fressen ein
mensche das ander, ein tier das ander, ein ieglich lebendi- 10
ge beschaffung die ander, wann narung wurde in gebrechen, die erde wurde in zu enge. Er ist tumm, der beweinet die totlichen. Laß ab! die lebendigen mit den lebendigen, die toten mit den toten, als vnz her ist gewesen.
Bedenke baß, du tummer, was du klagest vnd was du   15
klagen sullest!

DER ACKERMAN. Das IX. capitel.

Vnwiderbringlichen mein hochsten hort han ich verloren;
sol ich nicht wesen traurig? Jamerig muß ich bis an mein
ende harren, entweret aller freuden. Der milte got, der   20
mechtige herre gereche mich an euch, arger traurenma-
cher! Enteigent habt ir mich aller wunnen, beraubet lieber
lebetage, entspenet micheler eren. Micheler eren het ich,
wann die gute, die reine tochter engelte mit iren kindern
in reinem neste gefallen. Tot ist die henne, die da auszoch   25
solche huner. O Got, du gewaltiger herre, wie liebe sach
ich mir, wann sie so zuchtiges ganges pflag vnd alle ere
bedenken kunde vnd sie menschliches geslechte do lieblich sahen sprechen: ›Dank, lob vnd ere habe die zarte
tochter; ir vnd iren nestlingen gunne got alles gutes!‹ Kun- 30
de ich darvmb gote wol gedanken, werlich ich tet es billich. Welchen armen man hette er balde so reichlich begabet? Man rede, was man welle: wen got mit einem reinen,
zuchtigen vnd schonen weibe begabet, die gabe heisset
gabe vnd ist ein gabe vor aller irdischer auswendiger gabe.   35

14

Herzog aller Welten anbefohlen, gebietend, daß Wir alles Überflüssige ausroden und ausjäten sollen. Stelle dir vor, törichter Mann, prüfe und grab mit des Gedankens Grabstichel ein in die Vernunft, so findest du: hätten Wir seit des ersten aus Lehm gekneteten Mannes Zeit der Menschen auf Erden, der Tiere und Würmer in der Einöde und in wilden Wäldern, der Schuppen tragenden und schlüpfrigen Fische in den Wassern Zuwachs und Mehrung nicht ausgerottet, vor kleinen Mücken möchte nun niemand bestehen, vor Wölfen wagte sich niemand hinaus, es würde fressen ein Mensch den andern, ein Tier das andere, ein jegliches lebende Geschöpf das andere. Denn an Nahrung würde es ihnen gebrechen; die Erde würde ihnen zu enge. Der ist töricht, der da beweinet die Sterblichen. Laß ab! Die Lebenden zu den Lebenden, die Toten zu den Toten, wie es bisher gewesen ist! Gedenke besser, du Tor, worüber du klagen sollst!

DER ACKERMANN. Das 9. Kapitel

Unwiederbringlich habe ich meinen höchsten Hort verloren. Soll ich da nicht traurig und voll Kummer sein, wo ich bis an mein Ende harren muß, beraubt aller Freude? Der milde Gott, der mächtige Herr, räche mich an Euch, arger Trauerbringer! Enteignet habt Ihr mich aller Wonnen, beraubet lieber Lebenstage, entwöhnet großer Ehren. Große Ehre hatte ich, als die Gute, die Hehre, die Reine Engelein spielte mit ihren Kindern, in reinem Neste geboren. Tot ist die Henne, die da aufzog solche Küchlein. O Gott, gewaltiger Herr, wie Liebes sah ich für mich, wenn sie so züchtigen Schrittes ging, in allen Ehren, so daß die Menschen ihr liebevoll nachsahen und sprachen: »Dank, Lob und Ehre habe die Zarte; ihr und ihren Nestlingen gönne Gott alles Gute!« Wüßte ich dafür Gott recht zu danken, fürwahr, ich täte es billiglich. Welchen armen Mann hatte er so bald so reichlich begabet? Man rede, wie man wolle: wen Gott mit einem reinen, züchtigen und schönen Weibe begabet, die Gabe heißt eine Gabe und ist eine Gabe über jede irdische äußere Gabe. O allergewaltigster

O aller gewaltigister himelgrave, wie wol ist dem geschehen, den du mit einem reinen, vnuermeiligten gaten hast
begatet! Frewe dich, ersamer man, reines weibes, frewe
dich, reines weib, ersames mannes: got gebe euch freuden
beiden! Was weiß davon ein tummer man, der aus disem
jungbrunnen nie hat getrunken? Allein mir twenglich herzenleit ist geschehen, dannoch danke ich got inniglich,
das ich die vnuerruckten tochter han erkant. Euch boser
Tot, aller leute feint, sei got ewiglichen gehessig!

DER TOT. Das X. capitel.   10

Du hast nicht aus der weisheit brunnen getrunken: das
prufe ich an deinen worten. In der natur wurken hastu
nicht gesehen; in die mischung werltlicher sachen hastu
nicht geluget; in irdische verwandelung hastu nicht gegut-
zet: ein vnuerstendig welf bistu. Merke, wie die lustigen
rosen vnd die starkriechenden lilien in den gerten, wie die
kreftigen wurze vnd die lustgebenden blumen in den
awen, wie die feststeenden steine vnd die hochgewachsenen baume in wilden gefilden, wie die krafthabenden be-
ren vnd die starkwaltigen lewen in entrischen wustungen,
wie die hochgewachsenen starken recken, wie die behenden, abenteurlichen, hochgelerten vnd allerlei meisterschaft wol vermugenden leute vnd wie alle irdische creature, wie kunstig, wie lustig, wie stark sie sein, wie lange
sie sich enthalten, wie lange sie es treiben, mussen zu
nichte werden vnd verfallen allenthalben. Vnd wann nu
alle menschgeslechte, die gewesen sint oder noch werden,
mussen von wesen zu nichtwesen kumen, wes solte die
gelobte, die du beweinest, geniessen, das ir nicht geschehe
als andern allen vnd allen andern als ir? Du selber wirst
vns nicht entrinnen, wie wenig du des iezunt getrawest.
Alle hernach! muß ewer ieglicher sprechen. Dein klage ist
entwicht; sie hilfet dich nicht, sie geet aus tauben sinnen.

Himmelsgraf, wie wohl ist dem geschehen, den du mit einem reinen, unbefleckten Gatten hast vermählet! Freue dich, ehrsamer Mann, eines reinen Weibes! Freue dich, reines Weib, eines ehrsamen Mannes! Gott gebe euch beiden Freude! Was weiß davon ein Tor, der aus diesem Jungbrunnen nie getrunken hat? Ob mir auch drückende Gewalt und Herzeleid geschehen ist, dennoch danke ich Gott inniglich, daß ich die Makellose erkannt habe. Ihr, böser Tod, aller Menschen Feind, seid Gott ewiglich verhaßt!

DER TOD. Das 10. Kapitel

Du hast nicht aus der Weisheit Brunnen getrunken; das merke ich an deinen Worten. In der Natur Wirken hast du nicht gesehen; in die Mischung weltlicher Dinge hast du nicht gelugt; in irdische Verwandlung hast du nicht geschaut: ein unverständig Hündlein bist du. Merke, wie die lieblichen Rosen, die starkduftenden Lilien im Garten, wie die kräftigen Kräuter und lustspendenden Blumen auf den Auen, wie die feststehenden Steine und die hochgewachsenen Bäume in dem wilden Gefilde, wie die kraftbegabten Bären und die stärkegewaltigen Löwen in unheimlicher Wildnis, wie die hochgewachsenen starken Recken, wie die behenden, ungewöhnlichen, hochgelehrten und allerlei Meisterschaft wohlbeherrschenden Menschen und wie alle irdischen Kreaturen, wie klug, wie lieblich, wie stark sie seien, wie lange sie sich erhalten, wie lange sie es treiben, zunichte werden müssen allenthalben. Und wenn nun alle Menschengeschlechter, die gewesen sind oder noch werden, vom Sein zum Nichtsein kommen müssen, wie sollte es die Gepriesene, die du beweinest, genießen, daß ihr nicht geschehe wie den andern allen und allen andern gleich ihr? Du selber wirst Uns nicht entrinnen, so wenig du es jetzund erwartest. »Alle hinterdrein«, muß ein jeglicher von euch sagen. Deine Klage ist nichtig; sie hilft dir nicht: sie kommt aus stumpfen Sinnen.

Got, der mein vnd ewer gewaltig ist, getrawe ich wol, er
werde mich vor euch beschirmen vnd vmb die verworch-
ten vbeltat, die ir an mir begangen habet, strengelich an
euch gerechen. Gaukelweise traget ir mir vor, vnder war- 5
heit falsch mischet ir mir ein vnd wellet mir mein vngehe-
wer sinneleit, vernunftleit vnd herzenleit aus den augen,
aus den sinnen vnd aus dem mute slahen. Ir schaffet nicht,
wann mich rewet mein swerige, serige verlust, die ich
nimmer widerbringen mag. Vur alles wee vnd vngemach 10
mein heilsame erzenei, gotes dienerin, meines willen pflegerin, meines leibes auswarterin, meiner eren vnd irer
eren tegelich vnd nechtlich wachterin was sie vnuerdros-
sen. Was ir empfolhen wart, das war von ir ganz, reine
vnd vnuerseret, oft mit merunge widerreichet. Ere, 15
Zucht, Keusche, Milte, Trewe, Masse, Sorge vnd Bescheidenheit wonten stete an irem hofe; Scham trug stete
der Eren spiegel vor iren augen; got was ir gunstiger hanthaber. Er was auch mir gunstig vnd genedig durch iren
willen: heil, selde vnd gelucke stunden mir bei durch iren 20
willen. Das het sie an got erworben vnd verdienet, die
reine hausere. Lon vnd genedigen solt gib ir, milter loner
aller trewen soldener, aller reichster herre! Tu ir genedig-
licher wann ich ir kan gewunschen! Ach, ach, ach! vnuerschampter morder, herre Tot, boser lasterbalg! der zuch- 25
tiger sei ewer richter vnd binde euch sprechend ›vergib
mir!‹ in sein wigen!

Kundestu rechte messen, wegen, zelen oder tichten, aus
odem kopfe liessestu nicht solche rede. Du fluchest vnd 30
bittest rachung vnvursichtiglich vnd one notdurft. Was
taug solch eselerei? Wir haben vor gesprochen, wie kunstig, . . ., wie kunstenreich, edel, erhaft, frutig, ertig vnd
alles was lebet, muß von vnser hende abhendig werden;
dannoch klaffestu vnd sprichest, alles dein gelucke sei an 35

Gott, der Gewalt hat über mich und Euch, vertraue ich wohl, er werde mich vor Euch beschirmen und wegen der vorgenannten Übeltat, die Ihr an mir begangen habt, streng an Euch rächen. Gaukelweise traget Ihr mir vor; unter Wahrheit mischet Ihr Falsches immer und wollet mir mein ungeheueres Seelenleid, Vernunftleid und Herzeleid aus den Augen, aus den Sinnen und aus dem Gemüte schlagen. Ihr schafft es nicht. Denn mich schmerzt mein sehrender Verlust, den ich niemals wieder ersetzen kann. Wider alles Weh und Ungemach meine heilsame Arzenei, Gottes Dienerin, meines Willens Pflegerin, meines Leibes Wärterin, meiner und ihrer Ehre tägliche und nächtliche Wächterin war sie unverdrossen. Was ihr anbefohlen ward, das ward von ihr ganz, rein und unversehrt, oft mit Mehrung, erstattet. Maße, Sorge und Einsicht wohnten stets in ihrem Haus; die Scham trug stets der Ehre Spiegel vor ihren Augen; Gott war ihr gütiger Beschirmer. Er war auch mir gütig und gnädig um ihretwillen; das hatte sie an Gott erworben und verdienet, die reine Hausehre. Lohn und gnädigen Sold gib ihr, milder Entlohner, aller Treuen Soldgeber, allerreichster Herr! Tu an ihr gnädiglicher, als ich es ihr wünschen kann! Ach, ach, ach! Schamloser Mörder, Herr Tod, böser Lasterbalg! Der Züchtiger sei Euer Richter und binde Euch sprechend »vergib mir!« auf seine Folter!

DER TOD. Das 12. Kapitel

Könntest du richtig messen, wägen, zählen oder ersinnen, aus hohlem Kopf entließest du nicht solche Rede. Du fluchst und forderst Rache ohne Einsicht und ohne Not. Was taugt dir solche Eselei? Wir haben vorher gesagt: alles Gedankenreiche, Edle, Ehrenhafte, Wackre, Tüchtige und alles, was lebt, muß durch Unsere Hand vergehen. Dennoch kläffst du und sagst, all dein Glück liege in deinem reinen, wackeren Weibe.

deinem reinen, frumen weibe gelegen. Sol nach deiner
meinung gelucke an weiben ligen, so wellen wir dir wol
raten, das du bei gelucke beleibest. Warte nur, das es nicht
zu vngelucke gerate! Sage vns, do du am ersten dein lobe-
lich weib namest, fandestu sie frum oder machestu sie   5
frum? Hastu sie frum gefunden, so suche vernunftigli-
chen: du findest noch vil frumer, reiner frawen auf erden,
der dir eine zu der ee werden mag; hastu sie aber frum
gemachet, so frewe dich: du bist der lebendig meister, der
noch ein frum weib geziehen vnd gemachen kan. Ich sage 10
dir aber ander mere: ie mere dir liebes wirt, ie mere dir
leides widerfert; hestu dich vor liebes vberhaben, so
werestu nu leides entladen; ie grosser lieb zu bekennen, ie
grosser leit zu enberen liebe. Weib, kint, schatz vnd alles
irdisch gut muß etwas freuden am anfang vnd mere leides 15
am ende bringen; alle irdische liebe muß zu leide werden:
leit ist liebes ende, der freuden ende trauren ist, nach lust
vnlust muß kumen, willens ende ist vnwillen – zu solchem
ende laufen alle lebendige dinge. Lerne es baß, wiltu von
klugheit gatzen!   20

DER ACKERMAN. Das XIII. capitel.

Nach schaden folget gespotte; des empfinden wol die betrubten. Also geschicht von euch mir beschedigtem manne. Liebes entspenet, leides gewenet habet ir mich; als
lange got wil, muß ich es von euch leiden. Wie stumpf ich 25
bin, wie wenig ich kan vnd wenig han zu sinnreichen
meistern weisheit gezechet, dannoch weiß ich wol, das ir
meiner eren rauber, meiner freuden dieb, meiner guten
lebetage steler, meiner wunnen vernichter vnd alles des,
das mir wunnesam leben gemachet vnd gelubet hat, zer- 30
storer seit. Wes sol ich mich nu frewen? Wo sol ich trost
suchen? Wohin sol ich zuflucht haben? Wo soll ich heil-
stet finden? Wo sol ich getrewen rat holen? Hin ist hin!
Hin ist alle meine freude! Ee der zeit ist sie vns verswun-

Soll nach deiner Meinung Glück in Weibern liegen, so wollen Wir dir wohl raten, daß du im Glücke bleibest. Aber gib acht, daß es nicht zum Unglück gerate!

Sage Uns: als du zuerst dein löbliches Weib nahmest, fandest oder machtest du sie tüchtig? Hast du sie tüchtig gefunden, so suche mit Vernunft! Du findest noch viele tüchtigen, reinen Frauen auf Erden, deren eine dir zur Ehe mag werden. Hast du sie aber tüchtig gemacht, so freue dich! Du bist der lebende Meister, der noch ein tüchtig Weib erziehen und schaffen kann.

Ich sage dir aber noch ein anderes: je mehr Liebe dir wird, desto mehr Leid widerfährt dir. Hättest du dich der Liebe enthalten, so wärest du nun des Leides enthoben. Je größere Freude, Liebe zu erfahren, desto größer das Leid, zu entbehren Liebe. Weib, Kind, Schatz und alles irdische Gut muß einige Freude am Anfang und mehr an Leid am Ende bringen. Alle irdische Liebe muß zu Leide werden. Leid ist der Liebe Ende, der Freude Ende Trauer ist, nach Lust muß Unlust kommen, des Willens Ende ist Unwille: zu solchem Ziele laufen alle lebenden Dinge. Lerne es besser, willst du vor Klugheit gackern!

DER ACKERMANN. Das 13. Kapitel

Nach Schaden folget Spott; das empfinden wohl die Betrübten. Also geschieht von Euch mir geschädigtem Manne. Der Liebe entwöhnt, an Leid gewöhnt habt Ihr mich; solange Gott will, muß ich es von Euch leiden. Wie stumpf ich auch bin, wie wenig Weisheit ich bei sinnreichen Meistern errungen habe, dennoch weiß ich wohl, daß Ihr meiner Ehre Räuber, meiner Freuden Dieb, meiner guten Lebenstage Stehler, meiner Wonnen Vernichter und alles dessen, was mir wonnesames Leben verschafft und verbürgt hat, Zerstörer seid. Worüber soll ich mich nun freuen? Wo soll ich Trost suchen? Wo soll ich Zuflucht haben? Wo soll ich eine Heilstätte finden? Wo soll ich treuen Rat holen? Hin ist hin. All meine Freude ist mir vor der Zeit verschwunden; zu früh ist sie mir

den; zu fru ist sie vns entwischet; allzu schiere habt ir sie vns enzucket, die teuren, die geheuren, wann ir mich zu witwer vnd meine kinder zu weisen so vngenediglich habet gemachtet. Ellende, allein vnd leides vol beleibe ich von euch vnergetzet; besserung kunde mir von euch nach grosser missetat noch nie widerfahren. Wie ist dem, herre Tot, aller leute eebrecher? An euch kan niemant icht gutes verdienen; nach vntat wellet ir niemant genug tun, niemant wellet ir ergetzen. Ich prufe: barmherzigkeit wonet nicht bei euch; fluchens seit ihr gewonet; genadenlos seit ir an allen orten. Solche guttat, als ir beweiset an den leuten, solche genade, als die leute von euch empfahen, solchen lon, als ir den leuten gebet, solich ende, als ir den leuten tut, schicke euch, der des todes vnd lebens gewaltig ist. Furste himelischer massenie, ergetze mich vngeheurer verluste, michels schaden, vnsegeliches trubsals vnd jemerliches weisentums! Dabei gerich mich an dem erzschalke, dem Tode, Got, aller vntat gerecher!

DER TOT. Das XIV. capitel.

One nutz geredet, als mer geswigen; baß geswigen wann torlich geredet. Nach torlicher rede krieg, nach kriege feintschaft, nach feintschaft vnruwe, nach vnruwe serunge, nach serunge weetag, nach weetage afterrewe muß iedem verworrenen manne begegnen. Krieges mutestu vns an. Du klagest, wie wir dir leit haben getan an deiner zumale lieben frawen. Ir ist gutlich vnd genediglich geschehen: bei frolicher jugent, bei stolzem leibe, in besten lebetagen, in besten wirden, an bester zeit, mit vngekrenkten eren haben wir sie in vnser genade empfangen. Das haben gelobet, des haben begeret alle weissagen, wann sie sprachen: am besten zu sterben wann am besten liebet zu leben. Er ist nicht wol gestorben, wer sterben hat begeret; er hat zu lange gelebet, wer vns vmb sterben hat angerufet; wee vnd vngemach im, wer mit alters burden wirt vberladen: bei allem reichtum muß er arm wesen!

entflohen. Allzu schnell habt Ihr sie mir entrissen, die Treue, die Liebreiche, da Ihr mich zum Witwer und meine Kinder zu Waisen so ungnädiglich gemacht habt. Elend, allein, Leides voll, bleibe ich von Euch unentschädigt; Vergütung konnte mir von Euch für große Missetat noch nie widerfahren. Wie ist dem, Herr Tod, aller Leute Ehebrecher? Von Euch kann niemand etwas Gutes erlangen: für Untat wollet Ihr niemand genugtun; für Übel wollet Ihr niemand entschädigen. Ich merke: Barmherzigkeit wohnt nicht bei Euch; nur Fluchen seid Ihr gewohnt; gnadenlos seid Ihr an allen Orten. Solche Guttat, wie Ihr sie erweiset den Menschen, solche Gnaden, wie sie die Menschen von Euch empfangen, solchen Lohn, wie Ihr den Menschen gebet, solches Ende, wie Ihr den Menschen bringet, schicke Euch, der Gewalt über Tod und Leben hat! Fürst des himmlischen Ingesindes, vergüte mir den ungeheuren Verlust, den großen Schaden, die unselige Trübsal und den jammervollen Waffenruf! Dazu räche mich an dem Erzschalk, dem Tode, Gott, aller Untat Rächer!

DER TOD. Das 14. Kapitel

Unnütz geredet, so viel wie geschwiegen. Denn nach törichter Rede muß Zwist, nach Zwist Feindschaft, nach Feindschaft Streit, nach Streit Verletzung, nach Verletzung Leiden, nach Leiden Reue jedem verworrenen Manne zustoßen. Zwist kündest du Uns an. Du klagst, daß Wir dir Leid zugefügt haben an deiner so sehr lieben Frau. Ihr ist gütig und gnädig geschehen: in fröhlicher Jugend, bei stolzem Leibe, in besten Lebenstagen, in bester Achtung, in bester Zeit, mit ungekränkter Ehre haben Wir sie in Unsere Huld aufgenommen. Das haben gepriesen, das haben begehrt aller Weisheit Künder, wenn sie sagten: »Am besten zu sterben, wenn am besten zu leben.« Der ist nicht wohl gestorben, der zu sterben begehret hat; er hat zu lange gelebet, der Uns um Sterben angerufen hat. Weh und Ungemach ihm, der mit Alters Bürde überlastet wird. Bei allem Reichtum muß er arm doch sein.

Des jares do die himelfart offen was, an des himels tor-
wertels kettenfeiertag, do man zalte von anfang der werlte
sechstausent fundhundert neun vnd neunzig jar, bei kindes geburt die seligen martrerin hiessen wir raumen dis
kurze scheinende ellende auf die meinung, das sie solte zu   5
gotes erbe in ewige freude, in immerwerendes leben vnd
zu vnediger ruwe nach gutem verdienen genediglich kumen. Wie gehessig du vns bist, wir wellen dir wunschen
vnd gunnen, das dein sele mit der iren dort in himelischer
wonung, dein leib mit dem iren bein bei beine alhie in der   10
erden gruft wesen solten. Burge wolten wir dir werden:
irer guttat wurdestu geniessen. Sweig, enthalt! Als wenig
du kanst der sunnen ir licht, dem mone sein kelte, dem
fewer sein hitze oder dem wasser sein nesse benemen, also
wenig kanstu vns vnser macht berauben!   15

DER ACKERMAN. Das XV. capitel.

Beschonter ausrede bedarf wol schuldiger man. Also tut ir
auch. Susse vnd sawer, linde vnd hert, gutig vnd scharpf
pfleget ir euch zu beweisen den, die ir meinet zu betrie-
gen; das ist an mir schein worden. Wie sere ir euch be-   20
schonet, doch weiß ich, das ich der erenvollen, durch-
schonen von eurer swinden vngenade wegen kummerlich
enberen muß. Auch weiß ich wol, das solches gewaltes
sunder got vnd ewer niemant ist gewaltig. So bin ich von
got nicht also geplaget: wann hette ich mißgewartet gen   25
gote, als leider dicke geschehen ist, das hette er an mir
gerochen oder es hette mir widerbracht die wandelsone.
Ir seit der vbeleter. Darvmb weste ich gern, wer ir weret,
was ir weret, wie ir weret, von wann ir weret vnd warzu ir
tuchtig weret, das ir so vil gewaltes habet vnd on entsagen 30
mich also vbel gefodert, meinen wunnereichen anger geo-
det, meiner sterke turn vndergraben vnd gefellet habet. Ei
Got, aller betrubten herzen troster, troste mich vnd ergetze mich armen, betrubten, ellenden, selbsitzenden man!
Gib, herre, plage, tu widerwerte, leg an klemnuß vnd   35

24

In dem Jahre, da die Himmelfahrt offen stand, an des Himmelstorwarts Kettenfeiertag, da man zählte seit Anfang der Welt 6599 Jahre, bei der Geburt eines Kindes ließen Wir die selige Märtyrerin dieses kurze, glänzende Elend verlassen, in der Absicht, sie solle zu Gottes Erbe in ewige Freude, in immerwährendes Leben und zu unendlicher Ruhe nach guten Verdiensten gnädiglich kommen. So gehässig du gegen Uns bist, Wir wollen dir wünschen und gönnen, daß deine Seele mit der ihren dort in der himmlischen Wohnung, dein Leib mit dem ihren allhier in der Erdengruft weilen sollen. Bürge wollten Wir dir werden: ihre Guttat solltest du genießen. Schweig, halt ein! So wenig du der Sonne ihr Licht, dem Mond seine Kälte, dem Feuer seine Hitze, dem Wasser seine Nässe nehmen kannst, so wenig kannst Du Uns Unserer Macht berauben.

DER ACKERMANN. Das 15. Kapitel

Beschönigender Rede bedarf schuldiger Mann. Also tut Ihr auch. Süß und sauer, lind und hart, gütig und scharf pfleget Ihr Euch denen zu erweisen, die Ihr zu betrügen gedenkt. Das ist an mir klar geworden. Wie sehr Ihr Euch beschönigt, dennoch weiß ich, daß ich die Ehrenvolle und Anmutige um Euerer heftigen Ungnade willen voll Kummers entbehren muß. Auch weiß ich wohl, daß außer Gott und Euch solcher Gewalt niemand mächtig ist. Doch bin ich von Gott nicht also geplagt: denn hätte ich mich vergangen gegen Gott, was leider oftmals geschehen ist, das hätte er an mir gerochen, oder mir hätte es wiedergutgemacht die Makellose.

Ihr seid der Übeltäter: darum wüßte ich gerne, wer Ihr seid, was Ihr seid und wo Ihr seid, von wannen Ihr stammt und wozu Ihr tüchtig seid, daß Ihr so viele Gewalt habet und ohne Aufkündigung mich also übel herausfordert, meinen wonnenreichen Anger also verödet, meiner Stärke Turm untergraben und zu Fall gebracht habt.

Ach Gott, aller betrübten Herzen Tröster, tröste und entschädige mich armen, betrübten, elenden, einsamen Mann!

vertilge den greulichen Tot, der dein vnd aller vnser feint ist! Werlich, herre, in deiner wurkung ist nicht greulichers, nicht scheußlichers, nicht schedelichers, nicht herbers, nicht vngerechters dann der Tot! Er betrubet vnd verruret dir alle dein irdische herschaft; ee das tuchtig dann das vntuchtig nimpt er hin; schedelich, alt, siech, vnnutze leute lesset er oft alhie, die guten vnd die nutzen zucket er alle hin. Richte, herre, rechte vber den falschen richter!

DER TOT. Das XVI. capitel.

Was bose ist, das nennen gut, was gut ist, das heissen bose sinnlose leute: dem geleiche tustu auch. Falsches gerichtes zeihestu vns; vns tustu vnrecht. Des wellen wir dich vnderweisen. Du fragest, wer wir sein: Wir sein gotes hantgezeuge, herre Tot, ein rechte wurkender meder. Vnser sense geet vur sich. Weiß, swarz, rot, braun, grun, blaw, graw, gel vnd allerlei glanzblumen vnde gras hawet sie vur sich nider, ires glanzes, irer kraft, irer tugent nicht geachtet. So geneust der veiol nicht seiner schonen farbe, seines reichen ruches, seiner wolsmeckender safte. Sihe, das ist rechtfertigkeit. Vns haben rechtfertig geteilet die Romer vnd die poeten, wann sie vns baß danne du bekannten. – Du fragest, was wir sein: Wir sein nicht vnd sein doch etwas. Deshalben nicht, wann wir weder leben weder wesen noch gestalt noch vnderstant haben, nicht geist sein, nicht sichtig sein, nicht greiflich sein; deshalben etwas, wann wir sein des lebens ende, des wesens ende, des nichtwesens anfang, ein mittel zwischen in beiden. Wir sein ein geschichte, das alle leute fellet. Die grossen heunen mussen vor vns fallen; in hohen schulen werden wir gesiger; alle wesen, die leben haben, mussen verwandelt von vns werden. – Du fragest, wie wir sein: Vnbescheidenlich sein wir. Doch etwanne vnser figure zu Rome in einem tempel an einer want gemalet was als ein man auf einem ochsen, dem die augen verbunden waren, sit-

Sende, Herr, Plagen, übe Vergeltung, lege in Fesseln und vertilge den greulichen Tod, der Dein und unser aller Feind ist! Herr, in Deiner Schöpfung ist nichts Greulicheres, nichts Scheußlicheres, nichts Schändlicheres, nichts Herberes, nichts Ungerechteres als der Tod. Er betrübt und zerstört Dir Dein ganzes irdisches Reich. Das Tüchtige nimmt er eher hin als das Untüchtige; was schädlich, alt, siech, unnütz, läßt er oft allhier; die Guten und Nützlichen rafft er alle hin. Richtet, Herr, gerecht über den falschen Richter!

DER TOD. Das 16. Kapitel

Was böse ist, das nennen gut, was gut ist, das nennen böse sinnlose Leute. Also tust auch du. Falsches Gerichtes zeihest du Uns und tust Uns unrecht. Das wollen Wir dir beweisen. Du fragst, wer Wir seien. Wir sind Gottes Werkzeug, der Herre Tod, ein recht wirkender Mäher. Unsre Sense geht ihren Weg. Weiß, schwarz, rot, braun, grün, blau, grau, gelb und allerlei Glanzblumen und Gras hauet sie vor sich nieder, ihres Glanzes, ihrer Kraft, ihrer Tugend ungeachtet. Da hilft dem Veilchen nicht seine schöne Farbe, sein reicher Duft, sein wohlschmeckender Saft. Sieh, das ist Gerechtigkeit! Das haben Uns als Recht zugesprochen die Römer und die Dichter, da sie Uns besser kannten als du.

Du fragst, was Wir seien. Wir sind nichts und sind doch etwas. Deshalb nichts, weil Wir weder Leben, noch Wesen, noch Gestalt haben, kein Geist sind, nicht sichtbar, nicht greifbar sind; deshalb etwas, weil Wir des Lebens Ende sind, des Daseins Ende, des Nichtseins Anfang, ein Mittelding zwischen ihnen beiden. Wir sind ein Geschehen, das alle Menschen fället. Die großen Riesen müssen vor Uns fallen; alle Wesen, die Leben haben, müssen von Uns verwandelt werden. Hoher Schuld werden Wir geziehen.

Du fragst, wo Wir seien. Nicht feststellbar sind Wir. Doch fand man Unsere Gestalt in Rom in einem Tempel an eine Wand gemalt als einen Mann, auf einem Ochsen sitzend, dem die Augen verbunden waren. Dieser Mann führte eine Haue

zend; der selbe man furte ein hawen in seiner rechten hant
vnd ein schaufel in der linken hant. Damite facht er auf
dem ochsen. Gegen im slug, warf vnd streit ein michel
menige volkes, allerlei leute, iegliches mensche mit seines
hantwerks gezeuge; da was auch die nunne mit dem psal- 5
ter. Die slugen vnd wurfen den man auf dem ochsen in
vnser bedeutnuß; doch bestreit der Tot vnd begrub sie
alle. Pitagoras geleichet vns zu eines mannes scheine, der
het basilisken augen, die wanderten in allen enden der
werlte, vor des gesichte sterben muste alle lebendige crea- 10
ture. – Du fragest, von wann wir sein: Wir sein von dem
irdischen paradise. Da tirmte vns got vnd nante vns mit
vnserm rechten namen, do er sprach: ›Welches tages ir der
frucht enbeisset, des todes werdet ir sterben.‹ Darvmb wir
vns also schreiben: Wir Tot, herre vnd gewaltiger auf 15
erden, in der luft vnd meres strame. – Du fragest, warzu
wir tuchtig sein: Nu hastu vor gehoret, das wir der werlte
mer nutzes dann vnnutzes bringen. Hor auf, laß dich
benugen vnd danke vns, das dir von vns so gutlichen ist
geschehen!   20

DER ACKERMAN. Das XVII. capitel.

Alter man newe mere, geleret man vnbekante mere, ferre
gewandert man vnd einer, wider den niemant reden tar,
gelogene mere wol sagen turren, wann sie von vnwissen-
der sachen wegen sein vnsreflich. Wann ir nu auch ein 25
solcher alter man seit, so muget ir wol tichten. Allein ir in
dem paradise gefallen seit ein meder vnd rechtes remet,
doch hawet ewer sense vneben: Recht mechtig blumen
reutet sie aus, die distel lesset sie steen; vnkraut beleibt,
die guten kreuter mussen verderben. Ir jecht, ewer sense 30
hawe vur sich. Wie ist dann dem, das sie mer distel dann
guter blumen, mer meuse dann kamelen, mer boser leute
dann guter vnuerserret lesset beleiben? Nennet mir mit
dem munde, mit dem finger weiset mir: wo sint die frumen, achtberen leute, als vor zeiten waren? Ich wene, ir 35

28

in seiner rechten Hand und eine Schaufel in der linken Hand; damit focht er auf dem Ochsen. Gegen ihn schlug, warf und stritt eine große Menge Volkes, allerlei Leute, ein jeglicher Mensch mit seinem Handwerkszeug; da war auch die Nonne mit ihrem Psalter. Die schlugen und warfen nach dem Mann auf dem Ochsen, der Uns darstellte; doch bestritt der Tod und begrub sie alle. Pythagoras vergleicht Uns mit eines Mannes Gestalt, der Basiliskenaugen hat; die wanderten nach allen Enden der Welt, und vor ihrem Blick mußte alle lebende Kreatur sterben.

Du fragst, von wannen Wir seien. Wir sind aus dem irdischen Paradies. Da schuf Uns Gott und nannte Uns mit Unserem rechten Namen, da er sprach: »Welches Tages Ihr in diese Frucht beißet, des Todes werdet Ihr sterben.« Darum schreiben Wir Uns also: »Wir Tod, Herr und Gewaltiger auf Erden, in der Luft und des Meeres Strome.«

Du fragst, wozu Wir tüchtig seien. Nun hast du zuvor gehöret, daß Wir der Welt mehr Nutzen als Schaden bringen. Hör auf, laß dich genügen und danke Uns, daß dir von Uns so gütig ist geschehen!

DER ACKERMANN. Das 17. Kapitel

Alter Mann, neue Mären; gelehrter Mann, unbekannte Mären; weit gewanderter Mann und einer, wider den niemand zu reden wagt. Erlogene Mären wohl wagt man zu sagen, weil sie um der Unkenntnis willen unsträflich sind. Wenn Ihr nun auch so ein alter Mann seid, so möget Ihr wohl erdichten. Wiewohl Ihr in dem Paradiese zur Welt gekommen seid als ein Mäher und nach Rechtem trachtet, so hauet doch Eure Sense uneben: gar mächtig rodet sie Blumen aus, die Distel lässet sie stehen; Unkraut bleibet, die guten Kräuter müssen verderben. Ihr saget, Eure Sense hauet grade zu. Wie kommt es, daß sie mehr Disteln als gute Blumen, mehr Mäusekraut als Kamillen, mehr böse Leute als gute unversehrt läßt bleiben? Nennet mir, mit dem Finger weiset mir: wo sind die tüchtigen, achtbaren Leute, wie sie vor Zeiten waren? Ich

habet sie hin. Hin mit in ist auch mein lieb, die vseln sint och vber beliben. Wo sint sie hin, die auf erden wonten vnd mit gote redten, an im hulde, genade, auch reichtum erwurben? Wo sint sie hin, die auf erden sassen, vnder dem gestirne vmbgiengen vnd entschieden die planeten? Wo sint sie hin, die sinnereichen, die meisterlichen, die gerechten, die frutigen leute, von den die kroniken so vil sagen? Ir habet sie alle vnd mein zarte ermordet; die snoden sint noch alda. Wer ist daran schuldig? Torstet ir der warheit bekennen, herre Tot, ir wurdet euch selber nennen. Ir sprechet faste, wie rechte ir richtet vnd niemandes schonet ewer sense haw nach einander fellend. Ich stunt dabei vnd sach mit meinen augen zwo vngeheure schar volkes – iede het vber dreitausent man – mit einander streiten auf einer grunen heide; die wuten in dem blute bis vnder den enkel. Darvnder snurret ir vnd wurret gar gescheftig an allen enden. In dem her totet ir etlich, etlich liesset ir leben. Mer knechte dann herren sach ich tot ligen. Da klaubtet ir einen aus den andern als die teigen biren. Ist das rechte gemeet? Ist das rechte gerichtet? Geet so ewer sense haw vur sich? Wol her, lieben kinder, wol her! reiten wir entgegen, enbieten vnd sagen wir lob vnd ere dem Tode, der also rechte richtet! Gotes gerichte ist kaum also gerecht.

DER TOT. Das XVIII. capitel.

Wer von sachen nicht enweiß, der kan von sachen nicht gesagen. Also ist vns auch geschehen. Wir westen nicht, das du als ein richtiger man werest. Wir haben dich lange zeit erkant; wir hetten aber dein vergessen. Wir waren dabei, do fraw Weisheit dir die weisheit mitteilte, do her Salomon an dem totbette dir sein weisheit vurreichte, do got allen den gewalt, den er hern Moyses in Egipten lant verlihen hette, dir verlech, do du einen lewen bei dem beine namest vnd in an die want slugest; wir sahen dich die meine: Ihr nahmt sie hin. Bei ihnen ist auch mein Lieb; die Aschenstäubchen nur sind übrig geblieben. Wo sind sie hin, die auf Erden wohnten und mit Gott redeten, bei ihm Huld, Gnade und Erbarmen erwarben? Wo sind sie hin, die auf Erden saßen, mit den Sternen umgingen und die Planeten bestimmten? Wo sind sie hin, die sinnreichen, die meisterlichen, die gerechten, die rüstigen Männer, von denen die Chroniken so viel sagen? Ihr habt sie alle und meine Zarte ermordet; die Schnöden sind noch da. Wer ist daran schuld? Waget Ihr, die Wahrheit zu bekennen, Herr Tod, Ihr würdet Euch selber nennen. Ihr behauptet fest, wie gerecht Ihr richtet, niemanden schonet, Euerer Sense Hieb sie nacheinander fälle. Ich stand dabei und sah mit meinen Augen zwei ungeheure Heerscharen – jede zählte über dreitausend Mann – miteinander streiten auf einer grünen Heide; die wateten im Blute bis an die Knöchel. Darunter schwirrtet und wirrtet Ihr gar geschäftig an allen Enden. In dem Heer tötetet Ihr etliche; etliche ließet Ihr stehen. Mehr Herren als Knechte sah ich tot liegen. Da klaubtet Ihr einen aus den andern wie die weichen Birnen. Ist das recht gemäht? Ist das recht gerichtet? Geht also die Sense grade zu? Herbei, ihr lieben Kinder, herbei! Reiten wir entgegen, entbieten und sagen wir Lob und Ehre dem Tode, der also gerecht richtet! Gottes Gericht ist kaum also gerecht.

DER TOD. Das 18. Kapitel

Wer von den Dingen nichts versteht, der kann von den Dingen auch nichts sagen. Also ist Uns auch geschehen. Wir wußten nicht, daß du ein so trefflicher Mann wärest. Wir haben dich lange Zeit gekannt; Wir hatten aber dein vergessen.

Wir waren dabei, als Frau Sibylla dir die Weisheit mitteilte, als Herr Salomo auf dem Totenbett dir seine Weisheit übergab, als Gott alle Gewalt, die er Herrn Moses in Ägyptenland verliehen hatte, dir verlieh; als du einen Löwen bei den Beinen nahmst und an die Wand schlugst. Wir sahen dich die

sterne zelen, des meres grieß und sein fische rechnen, die
regentropfen reiten; wir sahen gern, das du gewanst den
wetlauf an dem hasen; zu Babilonia vor kunig Soldan
sahen wir dich koste vnd trank in grossen eren vnd wirden
credenzen; do du das panier vor Alexandro furest, do er 5
Darium bestreit, do lugten wir zu vnd gunden dir wol der
eren; do du zu Achademia vnd zu Athenis mit hohen
kunstenreichen meistern, die auch in die gotheit meisterlichen sprechen kunden, ebenteure disputierest vnd mit
kunst in meisterlichen oblagest, do sahen wir vns zumale 10
liebe; do du Neronem vnderweisest, das er guttete vnd
gedultig wesen solte, do horten wir gutlichen zu. Vns
wunderte, das du keiser Julium in einem roren schiffe
vber das wilde mer furest ohne dank aller sturmwinde. In
deiner werkstat sahen wir dich ein edel gewant von regen- 15
bogen wurken; darein wurden engel, vogel, tier, fische
vnd allerlei wurme gestalt; darein was auch die eule vnd
der affe in wefels weise getragen. Zumale sere lachten wir
vnd wurden des vur dich rumig, do du zu Paris auf dem
geluckes rade sassest, auf der hende tanzest, in der swar- 20
zen kunst wurkest vnd bannest die teufel in ein seltsam
glas. Do dich got berufte in seinen rat zu gespreche vmb
frawen Eve fal, aller erste wurden wir deiner grossen
weisheit innen. Hetten wir dich vor erkant, wir hetten dir
gefolget; wir hetten dein weib vnd alle leute ewig lassen 25
leben; das hetten wir dir allein zu eren getan: wann du bist
zumale ein kluger esel!

DER ACKERMAN. Das XIX. capitel.

Gespotte vnd vbelhandelung mussen dicke aufhalten
durch warheit willen die leute. Geleicher weise geschicht 30
mir: vnmugelicher dinge rumet ir mich, vngehorter werke
wurkens. Gewaltes treibet ir zumale vil, gar vbel habt ir
an mir gefaren, das muet mich alzu sere. Wann ich dann
darvmb rede, so seit ir mir gehessig vnd werdet zornes

Sterne zählen und des Meeres Sand und seine Fische berechnen und die Regentropfen messen. Wir sahen gerne den Wettlauf, den du mit dem Hasen machtest. In Babylon vor König Soldan sahen Wir dich Speise und Trank in großen Ehren und Würden kredenzen. Als du das Banner dem König Alexander vorantrugest, unter dem er alle Welt besiegte, da schauten Wir zu und gönnten dir wohl die Ehre. Als du in Akademia und in Athen mit hohen, kenntnisreichen Meistern, die auch über die Gottheit meisterlich sprachen und Ungewöhnliches wußten, diskutiertest und so weislich obsiegtest, da sahen Wir Uns besonders erfreut. Als du den Kaiser Nero unterwiesest, daß er gut täte und geduldig sein sollte, da hörten Wir geneigt dir zu. Uns wunderte, wie du den Kaiser Julius in einem Rohrschiff über das wilde Meer fuhrest, trotz aller Sturmwinde. In deiner Werkstatt sahen Wir dich ein edles Gewand aus Regenbogen wirken; darin wurden Engel, Vögel, Tiere und allerlei Fische gestaltet; darin waren auch die Eule und der Affe im Einschlag gewoben. Besonders lachten Wir und rühmten dich darum, als du in Paris auf dem Glücksrade saßest, auf der Ochsenhaut tanztest, in der schwarzen Kunst wirktest und die Teufel in ein seltsames Glas banntest. Als dich Gott in seinen Rat berief, zu sprechen über Frau Evas Sündenfall, da wurden Wir zuerst deiner großen Weisheit inne.

Hätten Wir dich vorher so gut erkannt, Wir wären dir gefolgt; Wir hätten dein Weib und alle Menschen ewiglich leben lassen. Das hätten Wir dir allein zu Ehren getan; denn du bist fürwahr ein kluger Esel.

DER ACKERMANN. Das 19. Kapitel

Gespött und üble Behandlung müssen die Menschen aushalten um der Wahrheit willen. Gleicherweise geschieht auch mir: unmöglicher Dinge rühmet Ihr mich; unerhörte Werke wirket Ihr; Gewalt übet Ihr allzu viel. Gar übel habt Ihr an mir gehandelt; das kränket mich allzu sehr. Wenn ich dann davon rede, so seid Ihr mir gehässig und werdet des Zornes

vol. Wer vbel tut vnd wil nicht widertun vnd strafunge aufnemen vnd leiden, sunder mit vbermut allen dingen widerstreben, der soll gar eben aufsehen, das im nicht vnwille darnach begegne! Nemet beispil bei mir! Wie zu kurze, wie zu lange, wie vngutlich, wie vnrechte ir an mir 5 habet gefaren, dannoch dulde ich vnd riche es nicht, als ich zu rechte solte. Noch heute wil ich der besser sein: han ich icht vngeleiches oder vnhubsches gegen euch gebaret, des vnderweiset mich; ich wil sein gern vnd williglich widerkumen. Ist des aber nicht, so ergetzet mich meines 10 schaden oder vnderweiset mich, wie ich widerkume meines grossen herzenleides. Werlich also zu kurze geschach nie manne. Vber das alles mein bescheidenheit sullet ir ie sehen. Eintweder ir widerbringet, was ir an meiner traurenwenderin, an mir vnd an meinen kindern arges habet 15 begangen, oder kumpt des mit mir an got, der da ist mein, ewer vnd aller werlte rechter richter. Ir mochtet mich leichte erbitten, ich wolte es zu euch selber lassen. Ich traute euch wol, ir wurdet ewer vngerechtigkeit selber erkennen, darnach mir genugen tun nach grosser vntat. 20 Begeet die bescheidenheit, anders es muste der hamer den anboß treffen, herte wider herte wesen, es kume, zu wo es kume!

DER TOT. Das XX. capitel.

Mit guter rede werden gesenftet die leute; bescheidenheit 25 behelt die leute bei gemache; gedult bringet die leute zu eren; zorniger man kan den man nicht entscheiden. Hestu vns vormals gutlich zugesprochen, wir hetten dich gutlich vnderweiset, das du nicht billich den tot deines weibes klagen soltest vnd beweinen. Hastu nicht gekant den 30 weissagen, der in dem bade sterben wolte, oder seine bucher gelesen, das niemant sol klagen den tot der totlichen? Weistu des nicht, so wisse: als balde ein mensche geboren wirt, als balde hat es den leikauf getrunken, das es sterben sol. Anfanges geswistreit ist das ende. Wer ausge- 35

voll. Wer übel tut und sich nicht unterwerfen und Strafe annehmen und leiden will, sondern mit Übermut alle Dinge betreiben, der soll genau acht geben, daß ihm nicht Feindschaft darum begegne.

Nehmet ein Beispiel an mir! Ob zu kurz, ob zu lang, ob Ihr böse, ob Ihr ungerecht mit mir verfahren seid, dennoch dulde ichs und räche es nicht, wie ichs von Rechts wegen sollte. Noch heute will ich der Bessere sein: habe ich etwas Unbilliges oder Unziemliches gegen Euch begangen, so unterweiset mich des! Ich will es gerne und willig entgelten. Ist das aber nicht der Fall, so vergütet mir meinen Schaden oder unterweiset mich, wie ich entgelte mein großes Herzeleid! Wahrlich, solche Verkürzung geschah noch nie einem Manne. Trotz alledem sollt Ihr mein Maßhalten sehen. Entweder Ihr machet wieder gut, was Ihr an meiner Trauerwenderin, an mir und meinen Kindern Arges begangen habt; oder Ihr kommt darum mit mir zu Gott, der Euer und aller Welt gerechter Richter ist. Ihr könntet mich leicht erbitten; ich wollte es Euch selber überlassen. Ich traute Euch wohl zu, Ihr würdet Euere Gerechtigkeit selber erkennen und danach mir genugtun nach großer Untat. Folget der Einsicht! Sonst müßte der Hammer den Amboß treffen, Härte wider Härte! Es komme, wozu es komme!

DER TOD. Das 20. Kapitel

Durch gute Worte werden besänftigt die Leute, Einsicht hält die Leute bei Mäßigung, Geduld bringt die Leute zu Ehren, ein zorniger Mann kann nicht entscheiden, was Wahrheit ist. Hättest du Uns vormals gütlich zugesprochen, Wir hätten dich gütlich unterwiesen, daß du den Tod deines Weibes billiglich nicht beklagen dürftest und beweinen. Hast du nicht von dem Weisen gewußt, der in dem Bade sterben wollte, oder seine Bücher gelesen, daß niemand den Tod der Sterblichen beklagen soll? Weißt du es nicht, so wisse es nun: sobald ein Mensch geboren wird, sobald hat er den Kauftrunk getan, daß er sterben muß. Anfanges Geschwister ist das Ende. Wer

sant wirt, der ist pflichtig wider zu kumen. Was ie geschehen sol, des sol sich niemant widern. Was alle leute leiden mussen, das sol einer nicht widersprechen. Was ein mensche entlehent, das sol er widergeben. Ellende bawen alle leute auf erden. Von ichte zu nichte mussen sie werden. 5 Auf snellem fusse laufet hin der menschen leben: iezunt lebend, in einem hantwenden gestorben. – Mit kurzer rede beslossen: ieder mensche ist vns ein sterben schuldig vnd ist in angeerbet zu sterben. Beweinestu aber deines weibes jugent, du tust vnrecht; als schiere ein mensche 10 lebendig wirt, als schiere ist es alt genug zu sterben. Du meinest leichte, das alter sei ein edel hort? Nein, es ist suchtig, arbeitsam, vngestalt, kalt vnd allen leuten vbel gefallend; es taug nicht vnd ist zu allen sachen entwicht: zeitig epfel fallen gern in das kot; reifende biren fallen 15 gern in die pfutzen. Klagestu dann ir schone, du tust kintlich: eines ieglichen menschen schone muß eintweder das alter oder der tot vernichten. Alle rosenfarbe mundlein mussen ascherfarb werden, alle rote wenglein mussen bleich werden, alle lichte euglein mussen tunkel werden. 20 Hastu nicht gelesen, wie Hermes, der weissage, lernet, wie sich ein man huten sol vor schonen weiben, vnd sprichet: was schone ist, das ist mit tegelicher beisorge swere zu halten, wann sein alle leute begeren; was scheußlich ist, das ist leidenlich zu halten, wann es mißfellet allen leuten. 25 Laß faren! Klage nicht seniglich verlust, die du nicht kanst widerbringen.

DER ACKERMAN. Das XXI. capitel.

Gute strafung gutlich aufnemen, darnach tun sol weiser man! hore ich die klugen jehen. Ewer strafung ist auch 30 leidenlich. Wann dann ein guter strafer auch ein guter anweiser wesen sol, so ratet vnd vnderweiset mich, wie ich so vnsegeliches leit, so jemerlichen kummer, so aus der massen grosse betrubnuß aus dem herzen, aus dem mute vnd aus den sinnen ausgraben, austilgen vnd ausja- 35

ausgesendet wird, ist verpflichtet, wiederzukommen. Was einmal geschehen muß, dem soll sich niemand widersetzen. Was alle Menschen erleiden müssen, dem soll der einzelne nicht widersprechen. Was ein Mensch entleihet, das soll er wiedergeben. In der Fremde sind alle Menschen auf Erden. Aus Etwas zu Nichts müssen sie werden. Auf schnellen Füßen läuft hin aller Menschen Leben: jetzund leben, in einem Handumdrehen gestorben.

Mit kurzen Worten geschlossen: jeder Mensch ist schuldig zu sterben und hat es ererbet zu sterben. Beweinest du deines Weibes Jugend, so tust du unrecht: sobald ein Mensch lebend wird, sobald ist er alt genug zu sterben. Du meinest vielleicht, das Alter sei ein edeler Hort. Nein, es ist siech, mühsam, ungestalt, kalt und allen Leuten übel gefallend. Es taugt nicht und ist zu allen Dingen unnütz: zeitige Äpfel fallen gerne in den Kot; überreife Birnen fallen gerne in die Pfütze.

Beklagest du ihre Schönheit, so tust du kindlich: eines jeden Menschen Schönheit muß entweder das Alter oder der Tod vernichten. Alle rosenfarbenen Mündlein müssen farblos werden; alle roten Wänglein müssen bleich werden; alle lichten Äuglein müssen dunkel werden. Hast du nicht gelesen, wie Hermes, der Weise, lehrt, daß sich ein Mann hüten soll vor schönen Frauen, und spricht: Was schön ist, das ist auch bei täglicher Sorge schwer zu behalten, da alle Leute sein begehren; was häßlich ist, ist leidlich zu behalten, denn es mißfällt allen Leuten. Laß fahren! Beklage nicht einen Verlust, den du nicht wiederbringen kannst!

DER ACKERMANN. Das 21. Kapitel

»Gute Strafe gütlich annehmen, danach soll tun ein weiser Mann«, höre ich die Klugen sagen. Euere Strafe ist auch erträglich. Wenn dann ein guter Strafer auch ein guter Anweiser sein soll, so ratet mir und unterweiset mich, wie ich so unsägliches Leid, so jammervollen Kummer, so über die Maßen große Betrübnis aus dem Herzen, aus dem Gemüt und aus den Sinnen ausgraben, austilgen und austreiben solle.

gen sulle. Bei got, vnuolsagenlich herzenleit ist mir geschehen, do mein zuchtige, getrewe vnd stete hausere mir
so snelle ist enzucket, sie tot, ich witwer, meine kinder
weisen worden sint. O herre Tot, alle werlt klaget vber
euch vnd auch ich. Doch seit das nie so boser man wart, er   5
were an etwe gut: ratet, helfet vnd steuret, wie ich so
sweres leit von herzen werfen muge vnd wie meine kinder
einer solchen reinen muter ergetzet werden; anders ich
vnmutig vnd sie traurig immer wesen mussen. Vnd das
sullet ir mir nicht in vbel verfahen, wann ich sihe, das   10
vnder vnuernunftigen tieren eine gate vmb des andern tot
trauret von angeborenem twange. Hilfe, rates vnd wider-
bringens seit ir mir pflichtig, wann ir habt mir getan den
schaden. Wo des nicht geschehe, dann got hette in seiner
almechtigkeit nindert rachunge: gerochen muste es wer-   15
den wider euch, vnd solte darvmb hawe vnd schaufel noch
eines gemuet werden.

DER TOT. Das XXII. capitel.

Ga! ga! ga! snatert die gans, lamm! lamm! sprichet der
wolf, man predige, was man welle: solch fadenricht spin-   20
nest auch du. Wir haben dir vor entworfen, das vnklege-
lich wesen sulle der tot der totlichen. Seit den malen das
wir ein zolner sein, dem alle menschen ir leben zollen vnd
vermauten mussen, wes widerstu danne dich? Wann werlich wer vns teuschen wil, der teuschet sich selber. Laß dir 25
eingeen vnd vernim: das leben ist durch sterbens willen
geschaffen; were leben nicht, wir weren nicht, vnser ge-
schefte were nicht; damit were auch nicht der werlte ordenung. Eintweder du bist sere leidig oder vnuernunft hauset zu dir. Bistu vnuernunftig, so bitte got vmb vernunft   30
dir zu verleihen; bistu aber leidig, so brich ab, laß faren,
nim vur dich, das ein wint ist der leute leben auf erden! Du
bittest rat, wie du leit aus dem herzen bringen sullest:
Aristoteles hat dich es vor gelernet, das freude, leit, forch-

Bei Gott, unsägliches Herzeleid ist mir geschehen, da meine züchtige, treue und stetige Hausehre mir so schnell entrissen ist, sie tot, ich Witwer und meine Kinder Waisen worden sind.

O Herr Tod, alle Welt klaget über Euch und auch ich, daß nie ein so böser Mann ward, er wäre denn zu einem gut: ratet, helfet und weiset, wie ich so schweres Leid vom Herzen werfen möge, und wie meinen Kindern eine solche reine Mutter ersetzet werde! Sonst muß ich unmutig und sie traurig immer sein. Und das solltet Ihr mir nicht übelnehmen; denn ich sehe, daß bei den unvernünftigen Tieren ein Gatte um den Tod des andern trauert aus angeborenem Zwange.

Hilfe, Rat und Schadenersatz schuldet Ihr mir; denn Ihr habt den Schaden mir getan. Wenn das nicht geschähe, dann hätte Gott in seiner Allmacht nirgends eine Rache. Gerächt müßte es dennoch werden; und sollte darum Haue und Schaufel noch einmal bemühet werden.

DER TOD. Das 22. Kapitel

Gack, gack, gack schnattert die Gans; man predige, was man wolle. Solchen Leitfaden spinnest auch du. Wir haben dir vorhin dargelegt, daß der Tod der Toten unbeklagbar sein solle. Sintemalen Wir ein Zöllner sind, dem alle Menschen ihr Leben verzollen und vermauten müssen. Warum widersetzest du dich? Denn wahrlich, wer Uns hintergehen will, der hintergeht sich selber.

Laß es dir eingehen und vernimm: das Leben ist um des Sterbens willen geschaffen. Gäbe es kein Leben, Wir wären nicht, Unsere Aufgabe wäre nichts; damit gäbe es auch nicht die Ordnung der Welt. Entweder bist du zu sehr voll Leides, oder Unvernunft hauset in dir. Bist du unvernünftig, so bitte Gott darum, dir Vernunft zu verleihen! Bist du aber voll des Leides, so brich ab, laß fahren, nimm das für dich, daß der Menschen Leben auf Erden ein Windhauch ist!

Du bittest um Rat, wie du das Leid aus dem Herzen bringen sollest. Aristoteles hat es dich vormals gelehrt, daß

te vnd hoffenung die viere alle werlt bekummern vnd ne-
melich die, die sich vor in nicht kunnen huten. Freude vnd
forchte kurzen, leit vnd hoffenung lengen die weile. Wer
die vierte nicht ganz aus dem mute treibet, der muß allzeit
sorgende wesen. Nach freude trubsal, nach liebe leit muß 5
hie auf erden kumen. Liebe vnd leit mussen mit einander
wesen. Eines ende ist anfang des andern. Leit vnd liebe ist
nicht anders, dann wann icht ein mensche in seinen sinn
vurfasset vnd das nicht austreiben wil, geleicher weise als
mit genugen niemant arm vnd mit vngenugen niemant 10
reich wesen mag; wann genugen vnd vngenugen nicht an
habe noch an auswendigen sachen sint, sunder in dem
mute. Wer alle liebe nicht aus dem herzen treiben wil, der
muß gegenwurtiges leit allzeit tragen: treib aus dem herzen, aus dem sinne vnd aus dem mute liebes gedechtnuß, 15
allzuhant wirstu traurens vberhaben. Als balde du icht
hast verloren vnd es nicht kanst widerbringen, tu, als es
dein nie sei worden: hin fleuchet dein trauren. Wirstu des
nicht tun, so hastu mer leides vor dir; wann nach iegliches
kindes tode widerfert dir herzenleit, nach deinem tode 20
auch herzenleit in allen, dir vnd in, wann ir euch scheiden
sullet. Du wilt, das sie der muter ergetzet werden. Kanstu
vergangene jar, gesprochene wort vnd verruckten mage-
tum widerbringen, so widerbringestu die muter deiner
kinder. Ich han dir genug geraten. Kanstu es versteen, 25
stumpfer pickel?

DER ACKERMAN. Das XXIII. capitel.

In die lenge wirt man gewar der warheit; als: lange gelernet, etwas gekunnet. Ewer spruche sint susse vnd lustig,
des ich nu etwas empfinde. Doch solte freude, liebe, wun- 30
ne vnd kurzweile aus der werlte vertriben werden, vbel
wurde steen die werlt. Des wil ich mich ziehen an die
Romer. Die haben es selbes getan vnd haben das ire kinder

Freude, Leid, Furcht und Hoffnung, diese vier, aller Welt Kummer bringen und namentlich denen, die sich vor ihnen nicht hüten können. Freude und Furcht verkürzen, Leid und Hoffnung verlängern die Dauer. Wer die vier nicht ganz aus dem Gemüt vertreibt, der muß allzeit in Sorgen sein. Nach Freuden Trübsal, nach Liebe Leid muß hier auf Erden kommen. Freude und Leid müssen verbunden sein. Des einen Ende ist der Anfang des andern. Leid und Freude ist nichts anderes, als wenn ein Mensch etwas in seinem Sinn erfaßt und es nicht aufgeben will, gleichermaßen, wie mit Genügsamkeit niemand arm und mit Ungenügsamkeit niemand reich sein mag; denn Genügen und Ungenügen haftet nicht an der Habe, noch an andern Dingen, sondern im Gemüt. Wer nicht alle Liebe aus dem Herzen treiben will, der muß gegenwärtiges Leid allzeit tragen. Treib aus dem Herzen, aus dem Sinne und aus dem Gemüt der Liebe Gedächtnis, alsbald wirst du des Trauerns enthoben sein! Sobald du etwas verloren hast, was du nicht wiedererlangen kannst, tu, als sei es nie dein geworden! Hinflieht alsbald deine Trauer.

Willst du das nicht tun, so hast du noch mehr Leid vor dir. Denn nach jedes Kindes Tode widerfährt dir Herzeleid, nach deinem Tode auch Herzeleid ihnen allen, dir und ihnen, wenn ihr voneinander scheiden sollet. Du willst, daß ihnen die Mutter ersetzet werde. Kannst du vergangene Jahre, gesprochene Worte und genommenes Magdtum wiederbringen, so bringst du deinen Kindern die Mutter wieder. Ich habe dir nun genug geraten. Kannst du es verstehen, stumpfer Pickel?

DER ACKERMANN. Das 23. Kapitel

Mit der Zeit wird man der Wahrheit gewahr: solange gelernt, etwas gekonnt. Euere Sprüche sind süß und heiter; davon empfinde ich nun etwas. Doch sollte Freude, Liebe, Wonne und Kurzweil aus der Welt vertrieben werden, übel stünde da die Welt. Dafür will ich mich auf die Römer beziehen. Die haben es selbst getan und haben es ihre Kinder gelehrt, daß sie gelernet, das sie liebe in eren haben solten, turnieren, stechen, tanzen, wetlaufen, springen vnd allerlei zuchtige hubscheit treiben solten bei mussiger weile auf die rede, das sie die weile bosheit weren vberhaben. Wann menschliches mutes sin kan nicht mussig wesen: eintweder gut oder bose muß allzeit der sin wurken; in dem slafe wil er nicht mussig sein. Wurden dann dem sinne gute gedanke benumen, so wurden im bose eingeen. Gut aus, bose ein; bose aus, gut ein: die wechselung muß bis an das ende der werlte weren. Sider freude, zucht, scham vnd ander hubscheit sint aus der werlte vertriben, sider ist sie bosheit, schanden, gespottes, vntrewe vnd verreterei zumale vol worden; das sehet ir tegelichen. Solte ich dann die gedechtnuß meiner aller liebsten aus dem sinne treiben, bose gedechtnuß wurden mir in den sin wider kumen: als mer wil ich meiner aller liebsten alweg gedenken. Wann grosse herzenliebe in grosses herzenleit wirt verwandelt, wer kan des balde vergessen? Bose leute tun das selbe. Gute freunde stete gedenken an einander; ferre wege, lange jar scheiden nicht liebe freunde. Ist sie mir leiblichen tot, in meiner gedechtnusse lebet sie mir doch immer. Herre Tot, ir musset getrewlicher raten, sol ewer rat icht nutzes bringen, anders ir fledermaus musset vor dem sparber der vogele feintschaft tragen!

DER TOT. Das XXIV. capitel.

Liebe nicht alzu lieb, leit nicht alzu leide sol vmb gewin vnd vmb verlust bei weisem manne wesen: des tustu nicht. Wer vmb rat bittet vnd rates nicht folgen wil, dem ist auch nicht zu raten. Vnser gutlicher rat kan an dir nicht geschaffen. Es sei dir nu lieb oder leit, wir wellen dir die warheit an die sunnen legen, es hore, wer da welle. Dein kurze vernunft, dein abgesniten sinne, dein holes herze wellen aus leuten mer machen, dann sie gewesen mugen. Du machest aus einem menschen, was du wilt, es mag nicht mehr gesein, dann als ich dir sagen wil mit vrlaub

42

Freude in Ehren halten sollten, daß sie turnieren, stechen, wettlaufen, springen und allerlei zuchtvolle höfische Kunst pflegen sollten in ihrer Mußezeit, in der Absicht, daß sie derweilen des Bösen überhoben werden. Denn menschlichen Gemütes Sinn kann nicht müßig sein, entweder Gutes oder Böses muß der Sinn allzeit wirken; im Schlafe noch will er nicht müßig sein. Würden dem Sinn die guten Gedanken genommen, so würden böse in ihn eingehen: gut aus, böse ein; böse aus, gut ein. Dieser Wechsel muß bis an das Ende der Welt dauern. Seitdem Freude, Zucht, Scham und andere höfische Tugend aus der Welt vertrieben sind, seitdem ist sie der Bosheit, Schande, Untreue, Gespöttes und Verrates übervoll geworden; das sehet Ihr alltäglich.

Sollte ich mir drum die Erinnerung an meine Allerliebste aus dem Sinn schlagen, böse Erinnerung würde mir in den Sinn wiederkehren: um so mehr will ich meiner Allerliebsten allzeit gedenken. Wenn große Herzensliebe in großes Herzeleid verwandelt wird, wer kann das so schnell vergessen? Böse Leute tun solches. Gute Freunde denken stets aneinander; weite Wege, lange Jahre scheiden nicht liebe Freunde. Ist sie mir leiblich tot, in meinem Gedächtnis lebt sie mir doch immer. Herr Tod, Ihr müßt getreulicher raten, soll Euer Rat einen Nutzen bringen; sonst müsset Ihr Fledermaus mehr als der Sperber der Vögel Feindschaft tragen.

DER TOD. Das 24. Kapitel

Freude nicht allzu sehr, Leid nicht allzu schwer soll um Gewinn und um Verlust bei weisem Manne sein. So tust du nicht. Wer um Rat bittet und den Rat nicht befolgen will, dem ist nicht zu raten. Unser guter Rat kann bei dir nichts helfen. Sei dirs nun lieb oder leid, Wir wollen dir die Wahrheit ans Licht bringen; es höre, wer da wolle.

Deine kurze Vernunft, dein gestutzter Sinn, dein hohles Herz will aus Menschen mehr machen, als sie sein können. Mach aus einem Menschen, was du willst, er kann doch nicht mehr sein, als Ich dir sagen will mit Verlaub aller reinen aller reinen frawen: Ein mensche wirt in sunden empfangen, mit vnreinem, vngenantem vnflat in muterlichem leibe generet, nacket geboren vnd ist ein besmiret binstock, ein ganzer vnlust, ein vnreiner mit, ein kotfaß, ein wurmspeise, ein stankhaus, ein vnlustiger spulzuber, ein faules as, ein schimelkaste, ein bodenloser sack, ein locherete tasche, ein blasebalk, ein geitiger slunt, ein stinkender leimtigel, ein vbelriechender harnkrug, ein vbelsmeckender eimer, ein betriegender tockenschein, ein leimen raubhaus, ein vnsetig leschtrog vnd ein gemalte begrebnuß. Es merke wer da welle: ein iegliches ganz gewurktes mensche hat neun locher in seinem leibe, aus den allen fleusset so vnlustiger vnd vnreiner vnflat, das nicht vnreiners gewesen mag. So schones mensche gesahestu nie, hestu eines linzen augen vnd kundest es inwendig durchsehen, dir wurde darab grawen. Benim vnd zeuch ab der schonsten frawen des sneiders farbe, so sihestu ein schemliche tocken, ein schiere swelkenden blumen vnd kurze taurenden schein vnd einen balde fallenden erdenknollen. Weise mir ein hantvol schone aller schonen frawen, die vor hundert jaren haben gelebet, aus genumen der gemalten an der wende, vnd habe dir des keisers krone zu eigen! Laß hin fliessen lieb, laß hin fliessen leit! Laß rinnen den Rein als ander wasser, von Eseldorf weiser gotling!

DER ACKERMAN. Das XXV. capitel.

Pfei euch, boser schandensack! wie vernichtet, vbel handelt vnd vneret ir den werden menschen, gotes aller liebste creature, damit ir auch die gotheit swechet! Aller erste prufe ich, das ir lugenhaftig seit vnd in dem paradise nicht getirmet, als ir sprechet. Weret ir in dem paradise gefallen, so wesset ir, das got den menschen vnd alle dinge beschaffen hat, sie allzumale gut beschaffen hat, den menschen vber sie alle gesetzet hat, im ir aller herschaft befolhen vnd seinen fussen vndertenig gemachet hat, also das der mensche den tieren des ertreichs, den vogeln des himels,

Frauen: ein Mensch wird in Sünden empfangen, mit unreinem, unnennbarem Unflat im mütterlichen Leib ernähret, nackend geboren und beschmiert wie ein Bienenkorb: ein ganzer Unrat, ein Kotfaß, ein Wurmfraß, ein Stankhaus, ein widerwärtiger Spülzuber, ein faules Aas, ein Schimmelkasten, ein Sack ohne Boden, eine durchlöcherte Tasche, ein Blasebalg, ein gieriger Schlund, ein übelriechender Harnkrug, ein übelduftender Eimer, ein betrüglicher Puppenschein, ein lehmiges Raubhaus, ein unersättlicher Löschtrog und ein gemaltes Trugbild. Es erkenne, wer da wolle: ein jeglicher vollständig geschaffener Mensch hat neun Löcher in seinem Leibe; aus allen fließt so widerwärtiger und unreiner Unflat, daß es nichts Unreineres geben kann. Einen so schönen Menschen siehest du nie: hättest du eines Luchses Auge und könntest du ins Innere hindurchsehen, dir würde darob grauen. Nimm und zieh ab der schönsten Frau des Schneiders Farbe, so siehest du eine schmähliche Puppe, eine rasch welkende Blume und kurz dauernden Glanz und einen bald zerfallenden Erdenkloß! Weise mir eine Handvoll Schönheit aller schönen Frauen, die vor hundert Jahren gelebt haben, ausgenommen die gemalten an der Wand, so sollst du des Kaisers Krone zu eigen haben! Laß hinfließen Liebe, laß hinfließen Leid! Laß rinnen den Rhein, wie andere Gewässer, du weiser Bursche aus Eselsdorf!

DER ACKERMANN. Das 25. Kapitel

Pfui, Ihr böser Schandensack! Wie vernichtet, behandelt übel und verunehrt Ihr den edeln Menschen, Gottes allerliebstes Geschöpf, wodurch Ihr auch die Gottheit schmähet! Jetzt erst erkenne ich, daß Ihr lügenhaft seid und nicht im Paradies geschaffen, wie Ihr sagt. Wäret Ihr im Paradies geworden, so wüßtet Ihr, daß Gott den Menschen und alle Dinge durchaus gut geschaffen und den Menschen über sie alle gesetzet hat, ihm die Herrschaft über sie alle verliehen und sie seinen Füßen untertänig gemacht, also daß der Mensch über die Tiere des Erdreichs, die Vögel des Himmels, die Fische des

den fischen des meres vnd allen fruchten der erden her-
schen solte, als er auch tut. Solte dann der mensche so
snode, bose vnd vnrein sein, als ir sprechet, werlich so
hette got gar vnreinlichen vnd gar vnnutzlichen gewurket.
Solte gotes almechtige vnd wirdige hant so ein vnreines
vnd vnfletiges menschwerk haben gewurket, als ir schrei-
bet, ein streflicher vnd gemeiligter wurker were er. So
stunde auch das nicht, das got alle dinge vnd den menschen vber sie alle zumale gut hette beschaffen. Herre
Tot, lasset ewer vnnutz klaffen! Ir schendet gotes aller
hubschestes werk. Engel, teufel, schretlein, klagemuter,
das sint geiste in gotes twange wesend: der mensche ist das
aller achtberst, das aller behendest vnd das aller freieste
gotes werkstuck. Im selber geleiche hat es got gebildet, als
er auch selber in den ersten wurkung der werlte hat gesprochen. Wo hat ie werkman gewurket so behendes vnd
reiches werkstuck, einen so werkberlichen kleinen kloß
als eines menschen haubet? In dem ist kunstenreiche
kunst allen gotern ebentewer verborgen: da ist in des augen apfel das gesichte, das aller gewissest gezeuge, meisterlich in spiegels weise verwurket; bis an des himels
klare zirkel wurket es. Da ist in den oren das ferre gewurket gehoren, gar durchnechtiglichen mit einem dunnen
felle vergitert zu prufung vnd vnderscheit mancherlei sus-
ses gedones. Da ist in der nasen der ruch durch zwei
locher ein vnd aus geend, gar sinniglichen verzimmert zu
behegelicher senftigkeit alles lustames vnd wunnesames
riechens, das da ist nar der sele. Da sint in dem munde
zene, alles leibfuters tegeliches malende einsacker; darzu
der zungen dunnes blat den leuten zu wissen bringend
ganz der leute meinung; auch ist da des smackes allerlei
koste lustame prufung. Dabei sint in dem kopfe aus herzengrunde geende sinne, mit den ein mensche, wie ferre er
wil, gar snelle reichet; in die gotheit vnd darvber gar klim-
met der mensche mit den sinnen. Allein der mensche ist
empfahend der vernunft, des edelen hortes. Er ist allein
der lieblich kloß, dem geleiche niemant dann got gewur-

Meeres und alle Früchte der Erde herrschen sollte, wie ers auch tut. Sollte dann der Mensch so verächtlich, böse und unrein sein, wie Ihr saget, wahrlich, so hätte Gott gar unreinlich und unnützlich gewirket. Sollte Gottes allmächtige Hand ein so unreines und unflätiges Menschenwerk geschaffen haben, wie Ihr sagt, ein schmählicher Schöpfer wäre er. Dann gölte auch das nicht, daß Gott alle Dinge und den Menschen über sie alle zumal gut geschaffen hätte.

Herr Tod, lasset Euer nutzloses Kläffen! Ihr schändet Gottes allerfeinstes Geschöpf. Engel, Teufel, Schrätlein, Totenvögel, das sind Geister in Gottes Banngewalt; der Mensch ist das allervornehmste, das allergeschickteste und das allerfreieste Werkstück Gottes. Ihm selber gleichend, hat es Gott gebildet, wie er es selber auch bei der Schöpfung der Welt ausgesprochen hat.

Wo hat je ein Werkmann ein so geschicktes und reiches Werkstück gewirkt, eine so kunstvolle kleine Kugel wie das Menschenhaupt? In ihm sind kunstreiche, allen Geistern unbegreifliche Wunderkräfte. Da ist in dem Augapfel das Gesicht, der allergewisseste Zeuge, meisterlich nach Spiegels Art gebildet; bis an des Himmels Klarheit reichet es. Da ist in den Ohren das fernhin reichende Gehör, gar vollkommen mit einer dünnen Haut versperrt, zur Wahrnehmung und Unterscheidung mancherlei holder Töne. Da ist in der Nase der Geruch, durch zwei Löcher ein- und ausgehend, gar sinnreich ausgestaltet zu behaglicher Annehmlichkeit aller lieblichen und wonniglichen Düfte. Da sind in dem Munde Zähne, die alle Leibesnahrung alltäglich zermahlen. Dazu tut der Zunge dünnes Blatt den Menschen ganz zu wissen der Menschen Meinung. Auch ist da die lustsame Geschmacksempfindung von allerlei Nahrung. Dazu sind in dem Kopf aus Herzens Grunde kommende Gedanken, mit denen der Mensch gar eilend reicht, soweit er will; bis zur Gottheit, sogar darüber, klimmt der Mensch mit den Gedanken. Allein der Mensch hat zu eigen die Vernunft, den edeln Hort. Er ist allein die liebliche Gestalt, desgleichen niemand denn Gott

ken kan, darinnen also behende werk, alle kunst vnd meisterschaft mit weisheit sint gewurket. Lat faren, herre
Tot! ir seit des menschen feint: darvmb ir kein gutes von
im sprechet!

DER TOT. Das XXVI. capitel. 5

Schelten, fluchen, wunschen, wie vil der ist, kunnen keinen sack, wie kleine der ist, gefullen. Darzu: wider vil
redende leute ist nicht zu kriegen mit worten. Es gee nu
vur sich mit deiner meinung, das ein mensche aller kunste,
hubscheit vnd wirdigkeit vol sei, dannoch muß es in vnser 10
netze fallen, mit vnserm garne muß es gezucket werden.
Grammatica, gruntfeste aller guten rede, hilfet da nicht
mit iren scharpfen vnd wol gegerbten worten; Rhetorica,
bluender grunt der liebkosung, hilfet da nicht mit iren
bluenden vnd reine geferbten reden; Loica, der warheit 15
vnd vnwarheit vursichtige entscheiderin, hilfet da nicht
mit irem verdackten verslahen, mit der warheit verleitung
vnd krummerei; Geometria, der erden pruferin, schetze-
rin vnd messerin, hilfet da nicht mit irer vnfelender masse,
mit iren rechten abgewichten; Arismetrica, der zale be- 20
hende ausrichterin, hilfet da nicht mit ihrer rechnung, mit
irer reitung, mit iren behenden ziffern; Astronomia, des
gestirnes meisterin, hilfet da nicht mit irem sterngewalte,
mit einflusse der planeten; Musica, des gesanges vnd der
stimme geordente hantreicherin, hilfet da nicht mit irem 25
sussen gedone, mit iren feinen stimmen. Philosophia, ak-
ker der weisheit, in gotlicher vnd in naturlicher erkantnuß
vnd in guter siten wurkung geackert vnd geseet vnd vol-
kumenlich gewachsen; Physica mit iren mancherlei steu-
renden trenken; Alchimia mit der metalle seltsamer ver- 30
wandelung; Geomancia mit satzunge der planeten vnd
des himelsreifes zeichen auf erden allerlei frage behende
verantwurterin; Pyromancia, sleuniges vnd warhaftiges
warsagens aus dem fewer wurkerin; Ydromancia, in was-
sers gewurke der zukunftigkeit entwerferin; Astrologia 35

48

allein zu bilden vermag, darin alle geschickten Werke, alle Kunst und Meisterschaft mit Weisheit gewirket sind. Laßt fahren, Herr Tod! Ihr seid des Menschen Feind; darum saget Ihr nichts Gutes von ihm.

DER TOD. Das 26. Kapitel

Schelten, fluchen, wünschen, wieviel es sei, können keinen Sack anfüllen, wie klein er sei. Außerdem: wider vielredende Leute ist nicht zu streiten mit Worten. Es gehe nun an mit deiner Meinung, daß der Mensch mit aller Kenntnis, Schönheit und Würde ausgestattet sei; dennoch muß er in Unser Netz fallen, mit Unserm Garn muß er gefangen werden. Grammatik, die Grundlage aller guten Rede, hilft da nicht mit ihren scharfen und wohlgedrechselten Worten. Rhetorik, der blumige Grund der Schmeichelrede, hilft da nicht mit ihren blumigen und feingefärbten Sätzen. Logik, die einsichtige Entscheiderin über Wahrheit und Unwahrheit, hilft da nicht mit ihrem verschlagenen Verhehlen, mit den krummen Wegen der Irreleitung der Wahrheit. Geometrie, der Erde Erkunderin, Schätzerin und Messerin, hilft da nicht mit ihrer fehlerfreien Messung, mit ihrem richigen Wägen. Arithmetik, der Zahlen geschickte Ordnerin, hilft da nicht mit ihrer Rechnung und Zählung und ihren geschickten Ziffern. Astronomie, der Gestirne Meisterin, hilft da nicht mit ihrer Sterngewalt, dem Einfluß der Planeten. Musik, des Gesanges und der Stimme ordnende Helferin, hilft da nicht mit ihren süßen Tönen, mit ihren feinen Stimmen. Philosophie, der Acker der Weisheit, in querlaufender und in natürlicher Erkenntnis zur Hervorbringung guter Sitten beackert und besät, hilft da nicht mit der Vollkommenheit ihrer Gewächse. Physik mit ihren für mancherlei helfenden Tränken; Alchimie mit der wundersamen Verwandlung der Metalle; Geomantie, allerlei auf Erden gestellter Fragen geschickte Beantworterin mit Hilfe der Bestimmung der Planeten und der Zeichen des Himmelskreises; Pyromantie, die Bewirkerin glücklichen und wahrhaften Wahrsagens aus dem Feuer; Hydromantie, die Entschleierin der Zukunft vermöge der Vorgänge im Wasser;

mit oberlendischen sachen irdisches laufes auslegerin;
Chiromancia, nach der hende vnd nach des teners kreisen
hubsche warsagerin; Nigromancia, mit toten opferfinger
vnd mit sigel der geiste gewaltige twingerin; Notenkunst
mit iren hubschen gebeten, mit irem starken besweren;   5
Augur, der vogelkoses vernemer vnd daraus zukunftiger
sachen warhafter zusager; Aruspex, nach altaropfers rau-
che in zukunft tuende ausrichtung; Pedomancia mit kin-
dergedirme vnd Ornomancia mit auerhennen dermig lup-
lerin; Juriste, der gewissenlos criste, hilfet da nicht mit   10
rechtes vnd vnrechtes vursprechung, mit seinen krummen
vrteilen. Die vnd ander den vorgeschribenen anhangende
kunste helfen zumale nicht: ieder mensche muß ie von vns
vmbgesturzet, in vnserm walktroge gewalken vnd in
vnserm rollfasse gefeget werden. Das gelaube, du uppiger   15
geuknecht!

DER ACKERMAN. Das XXVII. capitel.

Man sol nicht vbel mit vbel rechen; gedultig sol ein man
wesen, gebieten der tugende lere. Den pfat wil ich nach
treten, ob ir leicht noch nach vngedult gedultig werdet.   20
Ich vernim an ewer rede: ir meinet, ir ratet mir gar getrew-
lich. Wonet trewe bei euch, so ratet mir mit trewen in
gesworenes eides weise: in was wesens sol ich nu mein
leben richten? Ich bin vormals in der lieben lustigen ee gewesen; warzu sol ich mich nu wenden? In werltlich oder   25
in geistlich ordenung? die sint mir beide offen. Ich nam
vur mich in den sin allerlei leute wesen, schatzte vnd wug
sie mit fleisse: vnuolkumen, bruchig vnd etwe vil mit sunden fant ich sie alle. In zweifel bin ich, wo ich hin keren
sulle: mit gebrechen ist bekummert aller leute anstal.   30
Herre Tot, ratet! Rates ist not! In meinem sinne finde,
wene vnd gelaube ich vurwar, das nie so reines gotliches
nest vnd wesen kume nimmermer bei der sele dann eeliches

Astrologie, die Deuterin irdischen Geschehens durch über-
irdische Dinge; Chiromantie, die schmucke Wahrsagerin aus
der Hand und den Linien der Innenflächen; Nigromantie, die
gewaltige Bezwingerin der Geister durch Opferfinger von
Toten und Geheimzeichen; Notenkunst mit ihren feinen Gebeten und ihren starken Beschwörungen; der Augur, der der
Vogelsprache Kundige und dadurch zukünftiger Dinge wahrhafter Weissager; Haruspex, nach des Altaropfers Rauch in
die Zukunft weisend; Paedomantie, die mit Kinderdärmen,
und Ornomantie, die mit Auerhennendärmen Zaubernde; der
Jurist, der gewissenlose Christ, hilfet da nicht mit Rechtes
und Unrechtes Verdrehung und mit seinen krummen Urtei-
len – diese und andere den Vorgenannten verbundenen Künste helfen wahrlich nicht: jeder Mensch muß immer von Uns
gefällt, in Unserem Walktrog gewalkt und in Unserem Roll-
faß gesäubert werden. Das glaube, du üppiger Ackerknecht!

DER ACKERMANN. Das 27. Kapitel

Man soll nicht Übles mit Üblem vergelten; geduldig soll der
Mann sein, gebieten der Tugendlehre. Den Pfad will ich
betreten, ob Ihr vielleicht nach Ungeduld noch geduldig
werdet.

Ich vernehme aus Euerer Rede: Ihr meinet, Ihr ratet mir gar
getreulich. Wohnet Treue in Euch, so ratet mir in Treuen, wie
nach geschworenem Eide: in welcher Art soll ich nun mein
Leben einrichten? Ich habe vormals in der lieben, fröhlichen
Ehe gelebt; wohin soll ich mich jetzt wenden? In den weltlichen oder in den geistlichen Stand? Die stehen mir beide
offen. Ich stellte mir in Gedanken mancher Menschen Dasein
vor, schätzte und wog sie mit Sorgfalt: unvollkommen, brü-
chig und in Sünden fand ich sie alle. Im Zweifel bin ich, wohin
ich mich kehren solle: mit Gebrechen behaftet ist aller Menschen Stellung. Herr Tod, ratet! Rates ist not. In meinem
Sinne finde, wähne und glaube ich fürwahr, daß ein so reines,
Gott gefälliges Heim und Wesen nimmer wiederkehre. Bei

leben. Ich spriche: Weste ich, das mir in der ee gelingen
solte als ee, in der wolte ich leben, die weile lebend were
mein leben. Wunnesam, lustsam, fro vnd wolgemut ist
ein man, der ein bider weib hat, er wandere wo er wander.
Einem ieden solchen man ist auch lieb nach narung zu 5
stellen vnd zu trachten; im ist auch lieb, ere mit eren,
trewe mit trewen, gut mit gute zu bezalen vnd zu wider-
gelten. Er bedarf ir nicht huten; wann sie ist die beste hut,
die ir ein frumes weib selber tut. Wer seinem weibe nicht
gelauben vnd trawen wil, der muß stecken in steten sor- 10
gen. Herre von oberlanden, furste von vil selden: wol im,
den du so mit reinem bettegenossen begabest! Er sol den
himel ansehen, dir mit aufgerackten henden danken alle
tage. Tut das beste, herre Tot, vil vermugender herre!

Loben on ende, schenden one zil, was sie vurfassen, pflegen etlich leute. Bei loben vnd bei schenden sol fuge vnd
masse sein; ob man ir eines bedurfe, das man sein stat
habe. Du lobest sunder masse eeliches leben; iedoch wellen wir dir sagen von eelichem leben, vngeruret aller rei- 20
nen frawen: als balde ein man ein weib nimpt, als balde ist
er selbander in vnser gefengnuß. Zuhant hat er einen
hantslag, einen anhang, einen hantsliten, ein joch, ein ku-
mat, ein burde, einen sweren last, einen fegeteufel, ein
tegeliche rostfeile, der er mit rechte nicht enberen mag, 25
die weile wir mit im nicht tun vnser genade. Ein beweibter
man hat doner, schawer, fuchse, slangen alle tage in seinem hause. Ein weib stellet alle tage darnach, das sie man
werde: zeuchet er auf, so zeuchet sie nider; wil er so, so
wil sie sust; wil er dahin, so wil sie dorthin – solches spiles 30
wirt er sat vnd sigelos alle tage. Triegen, listen, smeichen,

meiner Seele sage ich: wüßte ich, daß es mir in der Ehe gelingen würde wie vordem, in ihr wollte ich leben, solange mein Leben am Leben bleibt. Wonnesam, lustsam, froh und wohlgemut ist der Mann, der ein tüchtiges Weib hat; er wandere, wo er wandert. Einem solchen Manne ist es auch eine Freude, nach Nahrung zu streben und nach Ehren zu trachten. Ihm ist es auch eine Freude, Ehre mit Ehre, Treue mit Treue, Gutes mit Gutem zu vergelten. Er braucht sie nicht zu hüten; denn das ist die beste Hut, die ein treffliches Weib für sich selber übt: wer seinem Weibe nicht glauben und vertrauen kann, der muß in steten Sorgen sitzen.

Herr der oberen Lande, Fürst der vielen Seligkeiten, wohl ihm, den du so mit reiner Bettgenossin begabtest! Er soll zum Himmel blicken, Dir mit erhobenen Händen danken alle Tage.

Tut das Beste, Herr Tod, vielvermögender Herr!

DER TOD. Das 28. Kapitel

Zu loben ohne Ende, zu schmähen ohne Ziel, was sie auch vornehmen, pflegen viele Leute. Beim Loben und Schmähen soll Fug und Maß sein, daß man es richtig zur Stelle habe, wenn man eines von ihnen bedarf.

Du lobst über die Maßen eheliches Leben. Jedoch wollen Wir dir sagen vom ehelichen Leben, ungeachtet aller reinen Frauen: sobald ein Mann ein Weib nimmt, sobald sind sie selbander in Unserem Gefängnis. Alsbald hat er auch eine Verpflichtung, einen Anhang, einen Handschlitten, ein Joch, ein Kummet, eine Bürde, eine schwere Last, einen Fegeteufel, eine tägliche Rostfeile, die er gemäß dem Recht nicht loswerden kann, solange Wir ihm nicht Unsere Gnade gewähren. Ein beweibter Mann hat Donner, Hagelschauer, Füchse, Schlangen alle Tage in seinem Hause. Ein Weib trachtet alle Tage danach, daß sie der Mann werde: ziehet er hinauf, so ziehet sie hernieder; will er dies, so will sie das; will er hierhin, so will sie dorthin: solches Spieles wird er satt und sieglos alle Tage. Trügen, überlisten, schmeicheln, spinnen,

spinnen, liebkosen, widerburren, lachen, weinen kan sie
wol in einem augenblicke; angeboren ist es sie. Siech zu
arbeit, gesunt zu wollust, darzu zam vnd wilde ist sie,
wann sie des bedarf. Vmb werwort finden bedarf sie keines ratmannes. Geboten dinge nicht tun, verboten dinge 5
tun fleisset sie sich allzeit. Das ist ir zu susse, das ist ir zu
sawer; des ist ir zu vil, des ist ir zu wenig; nu ist es zu fru,
nu ist es zu spate – also wirt es alles gestrafet. Wirt dann
icht von ir gelobet, das muß mit schanden in einem drech-
selstule gedreet werden; dannoch wirt das loben dicke mit 10
gespotte gemischet. Einen man, der in der ee lebet, kan
kein mittel aufhaben: ist er zu gutig, ist er zu scharpf – an
in beiden wirt er mit schaden gestrafet; er sei nur halb
gutig oder halb scharpf, dannoch ist da kein mittel:
schedelich oder streflich wirt es ie. Alle tage newe anmu- 15
tunge oder keifen, alle wochen fremde aufsatzunge oder
muffeln, alle monat newen vnlustigen vnflat oder gramen,
alle jar newes kleiden oder tegeliches strafen muß ein beweibter man haben, er gewinne es, wo er welle. Der nacht
gebrechen sei aller vergessen; von alters wegen schemen 20
wir vns. Schonten wir nicht der biderben frawen, von den
vnbiderben kunden wir vil mere singen vnd sagen. Wisse,
was du lobest: du kennest nicht golt bei bleie!

DER ACKERMAN. Das XXIX. capitel.

Frawenschender mussen geschendet werden, sprechen 25
der warheit meister. Wie geschicht euch dann, herre
Tot? Ewer vnuernunftiges frawenschenden, wie wol es
mit frawen vrlaub ist, doch ist es werlich euch schentlich
vnd den frawen schemlich. In maniges weisen meisters
geschrifte findet man, das one weibes steure niemant mag 30
mit selden gesteuret werden; wann weibes vnd kinder
habe ist nicht das minste teil der irdischen selden. Mit
solcher warheit hat den trostlichen Romer Boecium hin
geleget Philosophia, die weise meisterin. Ein ieder aben-

liebkosen, widermurren, lachen, weinen kann sie wohl in einem Augenblick; angeboren ist es ihr. Krank zur Arbeit, gesund zur Wollust, dazu zahm oder wild ist sie, wann sie dessen bedarf. Um Widerrede zu finden, bedarf sie keines Beistandes. Gebotene Dinge nicht zu tun, verbotene Dinge zu tun, befleißigt sie sich allzeit. Dies ist ihr zu süß, das ist ihr zu sauer; dies ist zu viel, das ist zu wenig; nun ist es zu früh, nun ist es zu spät – also wird alles getadelt. Wird je etwas von ihr gelobt, das muß mit Schanden auf einer Drechselbank gedreht werden. Auch da noch wird das Loben sehr mit Spott gemischt. Einem Mann, der in der Ehe lebt, kann kein Mittelweg helfen: ist er zu gütig, ist er zu scharf, um beides wird er mit Schaden gestraft; sei er auch halb gütig und scharf, dennoch gibt es da keinen Mittelweg: schädlich oder sträflich wird es stets. Alle Tage neue Zumutung oder Keifen, alle Wochen befremdende Aufsässigkeit oder Muffeln; alle Monat neuerliche Untat oder Schrecken; alle Jahre neue Kleider oder täglichen Zank muß ein beweibter Mann haben, er mache es, wie er wolle. Der Nächte Ärgernis sei alles verschwiegen; um Unsers Alters willen schämen Wir Uns. Wollten Wir nicht die tüchtigen Frauen schonen, von den untüchtigen könnten Wir noch viel mehr singen und sagen. Darum sei dir bewußt, was du lobst! Du kannst nicht Gold von Blei unterscheiden.

DER ACKERMANN. Das 29. Kapitel

»Frauenschänder müssen geschändet werden«, sagen der Wahrheit Meister. Was geschieht Euch nun, Herr Tod? Euer unvernünftiges Schmähen der Frauen, wiewohl es mit Verlaub der Frauen geschieht, ist doch wahrlich für Euch eine Schande und für die Frauen eine Schmach.

In manches weisen Meisters Schriften findet man, daß ohne Weibes Steuer niemand glücklich gesteuert werden kann; denn Weib und Kinder zu haben, ist nicht der kleinste Teil des irdischen Glückes. Mit solcher Wahrheit hat dem trostreichen Römer Boëthius die Philosophie, die weise Meisterin,

tewerlicher vnd sinniger man ist mir des gezeuge: kein
mannes zucht kan wesen, sie sei dann gemeistert mit frawen zuchte. Es sage, wer es welle: ein zuchtiges, schones,
keusches vnd an eren vnuerruckes weib ist vor aller irdischer augelweide. So manlichen man gesach ich nie, der   5
rechte mutig wurde, er wurde dann mit frawen troste
gesteuret. Wo der guten samenung ist, da sihet man es alle
tage: auf allen planen, auf allen hofen, in allen turnieren,
in allen herfarten tun die frawen ie das beste. Wer in frawen dienste ist, der muß sich aller missetat anen. Rechte 10
zucht vnd ere lernen die werden frawen in irer schule.
Irdischer freuden sint gewaltig die frawen; sie schaffen,
das in zu eren geschicht alle hubscheit vnd kurzweil auf
erden. Einer reinen frawen fingerdrowen strafet vnd
zuchtiget vur alle waffen einen frumen man. One liebko- 15
sen mit kurzer rede: aller werlte aufhaltung, festung vnd
merunge sint die werden frawen. Iedoch bei golde blei,
bei weizen raten, bei allerlei munze beislege vnd bei weiben vnweib mussen wesen; dannoch die guten sullen der
bosen nicht engelten: das gelaubet, hauptman vom berge! 20

DER TOT. Das XXX. capitel.

Einen kolben vur einen kloß goldes, eine koten vur einen
topasion, einen kisling vur einen rubin nimpt ein narre;
die hewschewer eine burg, die Thunaw das mer, den mau-
sar einen falken nennet der tore. Also lubestu der augen 25
lust, der vrsachen schetzestu nicht; wann du weist nicht,
das alles, das in der werlte ist, ist eintweder begerung des
fleisches oder begerung der augen oder hochfart des lebens. Die begerung des fleisches zu wollust, die begerung
der augen zu gute oder zu habe, die hochfart des lebens zu 30
ere sint geneiget. Das gut bringet girung vnd geitigkeit,
die wollust machet geilheit vnd vnkeuscheit, die ere bringet hochfart vnd rum. Von gute turstigkeit vnd forchte,
von wollust bosheit vnd sunde, von ere eitelkeit vnd guft

Frieden gebracht. Ein jeder außerordentliche und gedankenreiche Mann ist mir des Zeuge: keines Mannes Zucht kann
bestehen, sie sei denn gemeistert durch Frauenzucht. Es sage,
wer es wolle: ein züchtiges, schönes, keusches und in Ehren
unberührtes Weib geht aller irdischen Augenweide vor.
Einen so männlichen Mann sah ich nie, der recht voll Mutes
war, er würde denn durch Frauenzuspruch gelenkt. Wo die
Edeln sich versammeln, da sieht man es alle Tage: auf allen
Plätzen, an allen Höfen, bei allen Turnieren, bei allen Heer-
fahrten tun die Frauen das Beste. Wer im Frauendienste ist,
der muß sich aller Missetat enthalten. Rechte Zucht und Ehre
lehren die edeln Frauen in ihrer Schule. Irdischer Freuden
Gewalt haben die Frauen: sie schaffen, daß ihnen zu Ehren
alle höfische Tat und Kurzweil auf Erden geschieht. Einer
reinen Frauen Fingerdrohen straft und züchtigt den wackeren
Mann mehr als alle Waffen. Ohne Schönfärben und in kurzen
Worten: aller Welt Erhaltung, Mehrung und Festigung sind
die edeln Frauen.

Jedoch muß es neben Golde Blei, neben Weizen Rade,
neben allerlei Münzen Fälschungen und neben Weibern
Unweiber geben. Dennoch sollen die guten nicht für die
bösen entgelten. Das glaubet mir, Hauptmann vom Berge!

DER TOD. Das 30. Kapitel

Einen Kolben für einen Goldklumpen, ein Stück Horn für
einen Topas, einen Kiesel für einen Rubin nimmt ein Narr;
einen Heuschober eine Burg, die Donau das Meer, einen
Mäusebussard einen Falken nennt der Tor. Also lobst du der
Augen Lust; die Ursachen bedenkst du nicht. Denn du weißt
nicht, daß alles, was in der Welt ist, entweder Begierde des
Fleisches oder Begierde der Augen oder Hoffart des Lebens
ist. Die Begierde des Fleisches ist auf Wollust, die Begierde
des Auges ist auf Gut oder Habe, die Hoffart des Lebens ist
auf Ehre gerichtet. Das Gut bringt Habsucht, die Wollust
wirkt Unkeuschheit, die Ehre bringt Hoffart und Prahlsucht.
Vom Gut muß Begierde und Furcht, von Wollust muß Bos-

mussen ie kumen. Kundestu das vernehmen, du wurdest
eitelkeit in aller werlte finden; vnd geschehe dir dann liebe
oder leide, das wurdestu dann gutlichen leiden, auch vns
vngestrafet lassen. Aber als vil als ein esel leiren kan, als vil
kanstu die warheit vernemen. Darvmb so sein wir so sere 5
mit dir bekummert. Do wir Pyramum den jungeling mit
Tysben der meide, die beide ein sele vnd willen hetten,
schieden, do wir kunig Alexandrum aller werlte herschaft
entenigten, do wir Paris von Troya vnd Helenam von
Kriechen zerstorten: do wurden wir nicht also sere als von 10
dir gestrafet. Vmb keiser Karel, marggrave Wilhelm,
Dietrich von Berne, den starken Boppen vnd vmb den
hurnen Seifrid haben wir nicht so vil mue gehabet. Aristo-
tilem vnd Auicennam klagen noch heute vil leute: dannoch sein wir vngemuet beliben. Do Davit, der gedultig, 15
vnd Salomon, der weisheit schrein, sturben, do wart vns
mere gedanket danne gefluchet. Die vor waren, die sint
alle dahin; du vnd alle, die nu sint oder noch werden,
mussen alle hin nach: dannoch beleiben wir Tot hie herre!

DER ACKERMAN. Das XXXI. capitel.   20

Eigene rede verteilet dicke einen man vnd sunderlich einen, der iezunt eines vnd darnach ein anderes redet. Ir
habt vor gesprochen: ir seit etwas vnd doch nicht, auch
nicht ein geist, vnd seit des lebens ende vnd euch sein alle
irdische leute empfolhen. So sprechet ir nu: wir mussen 25
alle dahin vnd ir, herre Tot, beleibet hie herre. Zwo wi-
derwertig rede mugen mit einander nicht war gewesen.
Sullen wir von leben alle dahin scheiden vnd irdisch leben
soll alles ende haben vnd ir seit, als ir sprechet, des lebens
ende, so merke ich: wann nimmer lebens ist, so wirt nim- 30
mer sterbens vnd todes. Wo kumpt ir danne hin, herre
Tot? In himel muget ir nicht wonen, der ist gegeben allein
den guten geisten. Kein geist seit ir nach ewer rede. Wann
ir dann auf erden nimmer zu schaffen habet vnd die erde

heit und Sünde, von Ehre muß Eitelkeit immer kommen. Könntest du das erkennen, so würdest Eitelkeit in aller Welt du finden; und geschähe dir dann Freude und Leid, das würdest du dann gutwillig erdulden und Uns ungetadelt lassen.

Aber so gut wie ein Esel Leier spielen kann, so gut kannst du die Wahrheit begreifen. Darum sind Wir so sehr um dich bekümmert. Als Wir den Jüngling Pyramus von Thisbe, der Maid, schieden, die beide ein Herz und eine Seele waren, als Wir König Alexander aller Weltherrschaft enteigneten, als Wir Paris von Troja und Helena von Griechenland vernichteten, da wurden Wir nicht also sehr, wie jetzt von dir, getadelt. Um Kaiser Karl, Markgraf Wilhelm, Dietrich von Bern, den starken Boppe und um den hürnen Seyfrit haben Wir nicht so viel Verdruß gehabt. Um Aristoteles und Avicenna klagen noch heute viele Leute; dennoch sind Wir unbeschwert geblieben. Als David, der gewaltige König, und Salomo, der Weisheit Schrein, starben, da ward Uns mehr gedanket als geflucht. Die vordem waren, sind alle dahin; du und alle, die jetzt sind oder noch werden, müssen alle ihnen nach. Dennoch bleiben Wir Tod hier der Herr.

DER ACKERMANN. Das 31. Kapitel

Eigene Rede verurteilt oft einen Mann, und besonders einen, der jetzund eines und danach etwas anderes redet. Ihr habt vorhin gesagt, Ihr seiet etwas und doch nichts, nicht ein Geist, und seiet des Lebens Ende, und Euch seien alle irdischen Menschen anbefohlen; nun saget Ihr so: wir müssen alle dahin, und Ihr, Herr Tod, bleibet hier Herr. Zwei widersprechende Reden können nicht gleichzeitig wahr sein. Sollen wir alle vom Leben hinscheiden und soll alles irdische Leben ein Ende haben, und Ihr seid, wie Ihr sagt, des Lebens Ende, so bemerke ich: wenn es kein Leben gibt, so gibt es nimmer Sterben und Tod – wo kommt Ihr dann hin, Herr Tod? Im Himmel könnt Ihr nicht wohnen: der ist allein den guten Geistern gegeben; Ihr seid nach Eueren Worten kein Geist. Wenn Ihr dann auf Erden nichts mehr zu schaffen habt und

nimmer weret, so musset ir gerichtes in die helle; darinnen
musset ir on ende krochen. Da werden auch die lebendigen vnd die toten an euch gerochen. Nach ewer wechsel-
rede kan sich niemant gerichten. Solten alle irdische dinge
so bose, snode vnd vntuchtig sein beschaffen vnd gewur- 5
ket, das ist wider gote geredet vnd des ist von anfang der
werlte er nie gezigen. Tugent lieb gehabet, bosheit gehas-
set, sunde vbersehen vnd gerochen hat got bis her. Ich
gelaube, hin nach tue er auch das selbe. Ich han von jugent
auf gehoret lesen vnd gelernet, wie alle dinge got gut be- 10
schaffen habe. Ir sprechet, wie alle irdische lebende wesen
sullen ende nemen: so sprichet Plato vnd ander weissagen,
das in allen sachen eines zeruttung des andern geberung
sei vnd wie alle sache auf vrkund sint gebawet vnd wie des
himels lauf aller vnd der erden von einem in das ander 15
verwandelt wurkunge ewig sei. Mit ewer wankelrede,
darauf niemant bawen sol, wellet ir mich von meiner klage
schrecken. Des berufe ich mich mit euch an got, meinen
heilant. Herre Tot, mein verderber, damit gebe euch got
ein boses amen! 20

DER TOT. Das XXXII. capitel.

Oft ein man, wenne der anhebet zu reden, im werde dann
vnderstossen, nicht aufgehoren kan. Du bist auch aus
dem selben stempfel gewurket. Wir haben gesprochen
vnd sprechen noch (damit wellen wir ende machen): die 25
erde vnd alle ir behaltung ist auf vnstetigkeit gebawet. In
diser zeit ist sie wandelber worden, wann alle dinge haben
sich verkeret: das hinder hervur, das voder hin hinder, das
vnder gen berge, das ober gen tale, das ebich an das rechte,
das rechte an das ebich hat die meist menige volkes geke- 30
ret. In feures flammen stetigkeit han ich alles menschliches geslechte getreten: einen schein zu greifen, einen guten, getrewen, beistendigen freunt zu finden ist nahent
geleich mugelich auf erden worden. Alle menschen sint
mer zu bosheit dann zu gute geneiget. Tut nu iemant icht 35

die Erde nimmer da ist, so müsset Ihr gradeswegs in die Hölle; dort innen müsset Ihr ohne Ende stöhnen. Dann werden auch die Lebenden und die Toten an Euch gerächt. Nach Euerer wechselnden Rede kann sich niemand richten.

Sollten alle irdischen Dinge so böse, jämmerlich und untüchtig beschaffen und gestaltet sein? Dessen ward der ewige Schöpfer von Anfang der Welt an nie geziehen. Tugend liebgehabt, Bosheit gehaßt, Sünde übersehen oder bestraft hat Gott bisher. Ich glaube, hinfort tut er auch dasselbe. Ich habe von Jugend auf lesen hören und gelernt, daß Gott alle irdischen Dinge geschaffen habe. Ihr sagt, daß alles irdische Leben und Wesen sein Ende haben müsse. Doch sagen Plato und andere Weisheitskünder, daß in allen Dingen des einen Zerfall, des andern Geburt sei und daß alle Dinge auf Wiederkehr gegründet seien und daß des Himmels und der Erden Lauf alles als eine von einem in das andere verwandelte Wirkung ewig sei. Mit Euerer Wankelrede, auf die niemand bauen kann, wollet Ihr mich von meiner Klage abschrecken. Darum berufe ich mich mit Euch auf Gott, meinen Heiland, Herr Tod, Verderber! Damit gebe Euch Gott ein böses Amen!

DER TOD. Das 32. Kapitel

Oft kann ein Mann, der anhebt zu reden, nicht mehr abstehen davon, er werde denn unterbrochen. Mit diesem Stempel bist auch du geprägt. Wir haben gesagt und sagen – und damit wollen Wir ein Ende machen –: die Erde und alles, was sie enthält, ist auf Vergänglichkeit gegründet. Zu dieser Zeit ist sie wandelbar worden; denn alle Dinge haben sich verkehrt: das Hintere nach vorn, das Vordere nach hinten, das Untere zum Berge, das Obere zum Tale; das Böse hat in Recht die größte Menge des Volkes verkehrt. In des Feuers Flamme Stetigkeit habe ich das ganze Menschengeschlecht gestoßen. Einen Lichtstrahl zu greifen und einen guten, treuen, beständigen Freund zu finden, ist auf Erden nahezu gleich möglich geworden. Alle Menschen sind mehr zum Bösen denn zum

gutes, das tut er vns besorgend. Alle leute mit allem irem
gewurke sint vol eitelkeit worden. Ir leib, ir weib, ir kinder, ir ere, ir gut vnd alles ir vermugen fleuchet alles dahin, mit einem augenblicke verswindet es, mit dem winde
verwischet es: noch kan der schein noch der schate nicht 5
bleiben. Merke, prufe, sich vnd schawe, was nu der menschen kinder auf erden haben: wie sie berg vnd tal, stock
vnd stein, walt vnd gefilde, alpen vnd wiltnuß, des meres
grunt, der erden tiefe durch irdisches gutes willen in regen, winden, doner, schawer, sne vnd in allerlei vngewiter 10
durchfaren, wie sie schechte, stollen vnd tiefe gruntgru-
ben in die erden durchgraben, der erden adern durchba-
wen, glanzerden suchen, die sie durch seltsenkeit willen
vur alle dinge lieb haben, wie sie holz in welden fellen,
gewant zewen, heuser den swalben geleiche klecken, 15
pflanzen vnd pelzen baumgarten, ackern das ertreich, bawen weinwachs, machen mulwerk, zutun zehentzins, be-
stellen fischerei, weitwerk vnd wiltwerk, grosse herte vi-
hes zusamen treiben, vil knechte vnd meide haben, hohe
pfert reiten, goldes, silbers, edel gesteines, reiches gewan- 20
des vnd allerlei ander habe heuser vnd kisten vol haben,
wollust vnd wunnen pflegen, darnach sie tag vnd nacht
stellen vnd trachten – was ist das alles? Alles ist ein eitelkeit vnd ein serung der sele, ein vergenglichkeit als der
gesterig tag, der vergangen ist. Mit kriege vnd mit raube 25
gewinnen sie es; wann ie mere gehabet, ie mere geraubet.
Zu kriegen vnd zu werren lassen sie es nach in. O die tot-
liche menscheit ist stete in engsten, in trubsal, in leide, in
sorgen, in forchten, in scheuhung, in weetagen, in siech-
tagen, in trauren, in arbeit, in betrubnuß, in jamer, in 30
kummer vnd in mancherlei widerwertigkeit; vnd ie mer ein
man irdisches gutes hat, ie mer im widerwertigkeit begegent. Noch ist das das aller groste, das ein mensche nicht
gewissen kan, wann wo oder wie wir vber es vrplupfling
fallen vnd es jagen zu laufen den weg der totlichen. Die 35
burde mussen tragen herren vnd knechte, man vnd weib,
reich vnd arm, gut vnd bose, jung vnd alt. O leidige zuver-

Guten geneigt. Tut nun jemand etwas Gutes, so tut er es aus Furcht vor Uns. Alle Menschen mit ihrem Tun sind voll Eitelkeit worden. Ihr Leib, ihr Weib, ihre Kinder, ihre Ehre, ihr Gut und all ihr Vermögen flieht alles davon: in einem Augenblicke verschwindet es; im Winde verwehet es, weder der Schein noch der Schatten kann bleiben. Merke, erkenne, sieh und schaue, was jetzt die Menschenkinder auf Erden vorhaben: wie sie Berg und Tal, Stock und Stein, Gefilde, Alpen und Wildnisse, des Meeres Grund, der Erde Tiefe um irdischen Gutes willen durchwühlen; wie sie Schächte, Stollen und tiefe Gruben in die Erde hineintreiben, der Erde Adern durchbohren, Glanzerden suchen, die sie um der Seltenheit willen über alle Dinge lieben; wie sie Holz fällen, Wände, Scheunen, Häuser den Schwalben gleich zusammenkleistern, Baumgärten pflanzen und pfropfen, das Feld ackern, Weinberge anlegen, Mühlwerke bauen, den Zins erhöhen, Fischerei, Waidwerk und Wildwerk ausüben, große Viehherden zusammentreiben, viele Knechte und Mägde haben, hoch zu Pferde reiten, Goldes und Silbers, edler Gesteine, reicher Gewande und anderes Gutes Häuser und Kisten voll haben, Wollust und Wonnen pflegen, denen sie Tag und Nacht nachstellen und nachtrachten – was ist das alles? Alles ist eitel, eine Krankheit der Seele, vergänglich wie der Tag, der gestern vergangen ist. Durch Krieg und Raub gewinnen sie es; denn je mehr gehabt, desto mehr geraubt. Zu Streit und zu Zwietracht hinterlassen sie es. Oh, die sterbliche Menschheit ist stets in Ängsten, in Trübsal, in Leid, in Sorge, in Furcht, in Schrecken, in Schmerzenstagen, in Krankheitstagen, in Trauer, in Betrübnis, in Jammer, in Kummer und in mancherlei Widerwärtigkeiten; und je mehr irdisches Gut ein Mensch hat, desto mehr Widerwärtigkeit begegnet ihm. Dazu ist dies das allergrößte, daß ein Mensch nicht wissen kann, wann, wo und wie Wir ihn urplötzlich überfallen und ihn treiben, den Weg der Sterblichen zu gehen. Diese Bürde müssen tragen Herr und Knecht, Mann und Weib, reich und arm, gut und böse, jung und alt. O leidige Aussicht, wie

sicht, wie wenig achten dein die tummen! Wann es zu spate
ist, so wellen sie alle frum werden. Das ist alles eitelkeit
vber eitelkeit vnd beswerung der sele. Darvmb laß dein
klagen sein! Trit in welchen orden du wilt, du findest
gebrechen vnd eitelkeit darinnen. Iedoch kere von dem   5
bosen vnd tue das gute; suche den fride vnd tue in stete;
vber alle irdische dinge habe lieb rein vnd lauter gewissen!
Vnd das wir dir rechte geraten haben, des komen wir mit
dir an got, den ewigen, den grossen vnd den starken.

Des fursten rede von vil selden, des almechtigen gotes vrteil.   10
Das XXXIII. capitel.

Der lenze, der sumer, der herbest vnd der winter, die vier
erquicker vnd hanthaber des jares, die wurden zwistossig
mit grossen kriegen. Ir ieder rumte sich seines guten willen mit seiner wurkung in regen, wintween, . . . vnd wolte   15
ieglicher in seiner wurkung der beste sein. Der lenze
sprach, er erquickte vnd machte guftig alle fruchte; der
sumer sprach, er machte reif vnd zeitig alle fruchte; der
herbest sprach, er brechte vnd zechte ein beide in stadel,
in keller vnd in die heuser alle fruchte; der winter sprach,   20
er verzerte vnd vernutzte alle fruchte vnd vertribe alle
gifttragende wurme. Sie rumten sich vnd kriegten faste;
sie hetten aber vergessen, das sie sich gewaltiger herschaft
rumten, die in von got verlihen was. Ebengeleich tut ir
beide. Der klager klaget sein verlust, als ob sie sein erb-   25
recht were; er wenet nicht, das sie im von vns were verlihen. Der Tot rumet sich gewaltiger herschaft, die er doch
allein von vns zu lehen hat empfangen. Der klaget, das
nicht sein ist, diser rumet sich herschaft, die er nicht von
im selber hat. Iedoch der krieg ist nicht gar one sache: ir   30
habet beide wol gefochten; den twinget leit zu klagen,
disen die anfechtung des klagers die warheit zu sagen.
Darvmb, klager, habe ere! Tot, habe sige! seit ieder mensche dem tode das leben, den leib der erden, die sele vns
pflichtig ist zu geben.   35

wenig wissen das die Dummen! Wenn es zu spät ist, so wollen sie alle tüchtig werden. Das ist alles Eitelkeit über Eitelkeit und Beschwerung der Seele.

Darum laß dein Klagen sein und tritt ein, in welchen Stand du willst, du findest Gebrechen und Eitelkeit darinnen! Jedoch kehre dich von dem Bösen und tue das Gute, suche den Frieden und halt ihn ständig! Mehr als alle irdischen Dinge liebe ein reines und lauteres Gewissen! Und daß Wir dir recht geraten haben, damit kommen Wir mit dir zu Gott, dem Ewigen, dem Großen und Starken.

DAS URTEIL GOTTES. Das 33. Kapitel

Der Lenz, der Sommer, der Herbst und der Winter, die vier Beleber und Erhalter des Jahres, die wurden uneins in großem Streit. Ihrer jeder rühmte sich seines guten Willens in Regen, Winden, Donner, Schauern und in allerlei Ungewittern, und jeder wollte in seinem Wirken der Beste sein.

Der Lenz sagte, er belebe und mache üppig alle Frucht. Der Sommer sagte, er mache reif und erntezeitig alle Frucht. Der Herbst sagte, er führe und bringe ein in Scheuer, Keller und in die Häuser alle Frucht. Der Winter sagte, er verzehre und nütze alle Frucht und vertreibe alles giftige Gewürm. Sie rühmten sich und stritten heftig. Sie hatten aber vergessen, daß sie sich eigener Herrschgewalt rühmten.

Ebenso tut ihr beide. Der Kläger klagt seinen Verlust ein, als ob der sein Erbgut wäre; er bedenkt nicht, daß es von Uns verliehen war. Der Tod rühmet sich eigener Herrschgewalt, die er doch allein von Uns zu Lehen empfangen hat. Jener klagt ein, was nicht sein ist; dieser rühmet sich einer Herrschaft, die er nicht aus sich selber hat. Jedoch ist der Streit nicht ganz unbegründet. Ihr habt beide gut gefochten: den zwingt sein Leid zu klagen, diesen der Angriff des Klägers, die Wahrheit zu sagen. Darum Kläger, habe Ehre! Tod, habe Sieg! Jeder Mensch ist pflichtig, dem Tod das Leben, den Leib der Erde, die Seele Uns zu geben.

Hie bittet der ackerman vur seiner frawen sele. Der roten buchstaben der grosse nennet alse den klager. Dis capitel stet in eines betes weise vnd ist das XXXIIII. capitel.

Immer wachender wachter aller werlte, got aller goter, herre, wunderhaftiger herre aller herren, almechtigster aller geiste, furste aller furstentume, brunne, aus dem alle gutheit fleusset, heiliger aller heiligen, kroner vnd die kron, loner vnd der lon, kurfurste, in des kurfurstentum alle kur ist: wol im wart, wer manschaft von dir empfehet! Der engel freude vnd wunne, eindruck der aller hochsten formen, alter greiser jungeling, erhore mich!

O licht, das nicht empfehet ander licht; licht, das verfinstert vnd verblendet alles auswendiges licht; schein, vor dem verswindet aller ander schein; schein, zu des achtung alle licht sint finsternuß, zu dem aller schein ein schate ist, dem aller schate erscheinet; licht, das in der beginstnuß gesprochen hat: werde licht! fewer, das vnuerloschen alleweg brinnet; anfang vnd ende, erhore mich!

Heil vnd selde vber alles heil vnd selde; weg on allen irrsal zu dem ewigen leben; bestes, one das dann nicht bessers ist; leben, dem alle dinge leben; warheit vber alle warhaftige warheit; weisheit, die vmbsleusset alle weisheit; aller sterke gewaltiger; rechter vngerechter hant beschawer vnd widerbringer aller bruche; ganz vermugender in allen kreften; satung der durftigen, labung der kranken; sigel der aller hochsten maiestat; besliessung des himels armonie; einiger erkenner aller menschen gedanke, vngeleicher bilder aller menschen antlitze; gewaltiger planete aller planeten, ganz wurkender einfluß alles gestirnes, des himels hofes gewaltiger vnd wunnesamer hofemeister; twang, vor dem alle himelische ordenung aus irem geewigten angel nimmer treten mag, lichte sunne, erhore mich!*

* Die beiden folgenden Absätze »Ewige lucerne ...« bis »... vrsache aller sache, erhore mich!« ordnete bereits Burdach nach »... ausrichten, visieren, entwerfen vnd abnemen niemant kan« ein und ermöglichte damit, das Akrostichon »JOHANNES« (Anfangsbuchstaben der Absätze) richtig zu lesen. Hüb-

Immer wachender Wächter aller Welt, Gott aller Götter, wunderwirkender Herr ob allen Herren, allmächtiger Geist aller Geister, Fürst aller Fürstentümer; Brunnen, aus dem alles Gute fließt; Heiliger aller Heiligen, Kröner und Krone, Lohner und Lohn; Kurfürst, in dessen Kurfürstengewalt alle Kur ist: wohl ist ihm geschehen, der in deine Dienste tritt! Der Engel Freude und Wonne, Präger der allerhöchsten Formen, Greis zugleich und Jüngling: erhöre mich!

O Licht, das nicht empfanget anderes Licht; Licht, das da überstrahlet und verdunkelt alles äußere Licht; Schein, vor dem verschwindet aller andere Schein; Schein, dem gegenüber alle Lichter Finsternis sind, in dem aller anderen Schatten hell wird; Licht, das zu Anbeginn gesprochen hat: »Es werde Licht!«, Feuer, das ohne Erlöschen immerdar brennt; Anfang und Ende: erhöre mich!

Heil und Seligkeit über alles Heil; Weg ohn alle Irrsal zum ewigen Leben; Besseres, ohne das nichts Besseres ist; Leben, in dem alle Dinge leben; Wahrheit über alle Wahrheit; Weisheit, die alle Weisheit umfließt; Gewalthaber jeder Stärke; gerechter und ungerechter Hand Bewacher; Heiler aller Gebrechen und Fehler; Sättigung der Bedürftigen, Labung der Kranken; Siegel der allerhöchsten Majestät; Bewahrer der Harmonie des Himmels; einziger Erkenner aller menschlichen Gedanken; wechselreicher Bildner aller menschlichen Antlitze; gewaltiger Planet aller Planeten, allwirkender Einfluß aller wirkenden Gestirne; des Himmelhofs gewaltiger und wonnesamer Hofmeister; Gesetz, vor dem alle himmlischen Ordnungen nimmer aus ihrer ewigen Angel gehen können; lichte Sonne: erhöre mich!

Ewige lucerne, ewiges immerlicht; rechte farender marner, des kocke vndergeet nimmer; banierfurer, vnder des banier niemant sigelos wirt; der helle stifter; der erden kloß bawer; des meres stram temmer; der luft vnstetigkeit mischer; des feures hitze kreftiger; aller elemente tirmer; 5 doners, blitzens, nebels, schawers, snees, regens, regenbogens, miltawes, windes, reifes vnd aller irer mitwurkung einiger essemeister; alles himelischen heres gewaltiger herzog; vnuersagenlicher keiser; aller senftiglichster, aller sterkister, aller barmherzigister schepfer, erbarme 10 dich vnd erhore mich!

Schatz, von dem alle schetze entspriessen; vrsprung, aus dem alle reine ausflusse fliessen; leiter, nach dem niemant ververt; in allen bresten nothaft, zu dem alle gute dinge als zu dem weisel der bin nehen vnd halten sich; 15 vrsache aller sache, erhore mich!

Aller seuchen widerbringender arzet; meister aller meister; allein vater aller schepfung; alle wege vnd an allen enden gegenwurtiger zuseher; aus der muter leibe in der erden gruft selbmugender geleiter; bilder aller formen; 20 gruntfeste aller guten werke; aller reinigkeit liebhaber, hasser aller vnfletigkeit; loner aller guten dinge; allein rechter richter; einiger, aus des anfange alle sache ewiglich nimmer weichet, erhore mich!

Nothelfer in allen engsten; fester knote, den niemant 25 aufbinden mag; volkumenes wesen, das aller volkumenheit mechtig ist; aller heimlicher vnd niemands wissender sachen warhaftiger erkenner; ewiger freuden spender, irdischer wunnen storer; wirt, ingesinde vnd hausgenosse aller guten leute; jeger, dem alle spor vnuerborgen sint; 30 aller sinne ein feiner einguß; rechter vnd zusammenhaltender mittel aller zirkelmasse; genediger erhorer aller zu dir rufender, erhore mich!

ner übernahm diese Umstellung nicht (vgl. auch Anm. zu Kap. 34), dagegen wohl, mit weiterer Textbesserung, W. Krogmann (»Das Akrostichon im ›Ackermann‹«, in: Festschrift für W. Stammler, Berlin 1953; und: Johannes von Tepl, Der ackerman, hrsg. von W. K., Wiesbaden 1954).

Ewige Lampe, ewiges Dauerlicht; recht segelnder Schiffer, dessen Kogge nimmer untergeht; Bannerführer, unter dessen Banner niemand sieglos wird; der Hölle Begründer, der Erdkugel Erbauer; des Meeresstromes Dämmer, der unsteten Lüfte Mischer; der Feuersglut Kräftiger; aller Elemente Schöpfer; Donners, Blitzes, Nebels, Schauers, Schnees, Regens, Regenbogens, Meltaues, Windes, Reifes und aller ihrer Wirkungen einziger Herdmeister; des ganzen himmlischen Heeres gewaltiger Herzog; unaufsagbarer Kaiser; allersanftester, allerstärkster, allerbarmherzigster Schöpfer: erbarme dich und erhöre mich!

Schatz, aus dem alle Schätze entsprießen; Ursprung, aus dem alle reinen Quellen fließen; Leiter, der niemand irreführet auf allen Wegen; Nothelfer in allen Gebresten, zu dem alle guten Dinge, wie zu dem Weisel die Biene, sich hinziehen und halten; Ursache aller Dinge: erhöre mich!

Aller Seuchen Heilung bringender Arzt, Meister aller Meister; alleiniger Vater aller Schöpfung; aller Enden und aller Wege gegenwärtiger Schauer; aus der Mutter Leibe in der Erde Gruft selbstvermögender Geleiter; Bildner aller Formen; Grundfeste aller guten Werke; alle Reinheit Liebender, Hasser aller Unflätigkeit, Belohner aller guten Taten; allein gerechter Richter; Einziger, dessen Anspruch alle Dinge in Ewigkeit nimmer entgehn: erhöre mich!

Nothelfer in allen Ängsten; fester Knoten, den niemand aufbinden kann; vollkommenes Wesen, das aller Vollkommenheit mächtig ist; aller heimlichen und keinem bewußten Sachen wahrhafter Erkenner; ewiger Freuden Spender, irdischer Wonnen Zerstörer; Wirt, Ingesinde und Hausgenosse aller guten Menschen; Jäger, dem keine Spuren verborgen sind; aller Sinne feiner Einguß; rechter und zusammenhaltender Mittler aller Zirkelmaße; gnädiger Erhörer aller zu Dir Rufenden: erhöre mich!

Nahender beistendiger aller bedurftigen; traurenwender aller in dich hoffender; der hungerigen widerfuller; aus nichte icht, aus ichte nicht allein vermugender wurker; aller weilwesen, zeitwesen vnd immerwesen ganz mechtiger erquicker, aufhalter vnd vernichter, des wesen auch, als du in dir selber bist, ausrichten, visieren, entwerfen vnd abnemen niemant kan; ganzes gut vber alle gute; aller wirdigister ewiger herre Jesu, empfahe genediglich den geist, empfahe gutlichen die sele meiner aller liebsten frawen, die ewigen ruwe gib ir, mit deinem genadentawe labe sie, vnder den schaten deiner flugel behalt sie, nim sie, herre, in die volkumen genuge, da genuget den minsten als den meisten. Laß sie, herre, von dannen sie kumen ist, wonen in deinem reiche bei den ewigen seligen geisten!

Mich rewet Margaretha, mein auserweltes weib. Gunne ir, genadenreicher herre, in deiner almechtigen vnd ewigen gotheit spiegel sich ewiglichen ersehen, beschawen vnd erfrewen, darinnen sich alle engelische kore erleuchten.

Alles das vnder des ewigen fanentragers fanen gehoret, es sei welcherlei creature es sei, helfe mir aus herzengrunde seliglich mit innigkeit sprechen: amen!

Naher Beistand aller Bedürftigen, Trauerwender aller auf Dich Hoffenden; der Hungrigen Sättiger; aus nichts etwas, aus etwas nichts zu machen allein vermögender Wirker; aller Weilwesen, Zeitwesen und Immerwesen allmächtiger Beleber, Erhalter und Vernichter, dessen Wesen auch, was Du in Dir selber bist, niemand erfassen, ersehen, entwerfen und wiedergeben kann; höchstes Gut über alle Güter; allerwürdigster Herr Jesus: empfange gnädig den Geist, empfange gütig die Seele meiner allerliebsten Frau! Die ewige Ruhe gib ihr, mit Deinem Gnadentau labe sie, unter dem Schatten Deiner Flügel erhalte sie! Nimm sie, Herr, in das vollkommene Genügen, da den Geringsten wie den Größten Genüge wird! Laß sie, Herr, von dannen sie gekommen ist, wohnen in Deinem Reiche bei den ewigen, seligen Geistern!

Mich schmerzet es um Margaretha, mein auserwähltes Weib. Gönne ihr, gnadenreicher Herr, in Deiner allmächtigen und ewigen Gottheit Spiegel sich ewiglich zu sehen, schauen und erfreuen, darinnen alle Engelchöre ihr Licht haben!

Alles, was unter des ewigen Fahnenträgers Fahne gehört, es sei, welche Kreatur es sei, helfe mir aus Herzensgrunde seliglich mit Innigkeit sprechen: Amen!

Widmungsbrief

Brief an Peter Rothers, Prager Bürger, mit dem jüngst verfaß-
ten Büchlein Ackermann.

Dem Geneigten der Geneigte, dem Ergebenen der Ergebene,
dem Genossen der Genosse, dem Peter von Tepl der Johannes von Tepl, dem Prager Bürger der Saazer Bürger freundli-
che und brüderliche Liebe.

Die Liebe, die uns Männer in blühender Jugend vereinte,
mahnet und nötiget mich, im Gedenken an Euch Trost zu
sagen und Euch die Neuheit zu verehren, die Ihr kürzlich
durch Me. von Z. aus dem Acker der erbaulichen Redekunst
begehret habt, auf dem ich, nachdem ich die Ernte versäumet,
Ähren lese. Somit überreiche ich Euch dieses ungepflegte und
bäuerische, aus deutschem Geschwätz zusammengestoppelte
Machwerk, das eben vom Amboß kommt. In ihm wird
jedoch wegen des übernommenen großen Gegenstandes ein
Angriff auf des Todes unvermeidliches Schicksal dargestellt,
darin der Redekunst Wesentlichkeiten zum Ausdruck kommen. Hier wird ein langer Gegenstand gekürzt, hier ein kurzer gedehnt; hierin sind der Dinge, ja sogar bisweilen eines
und desselben Dinges, Lob und Tadel enthalten. Hier findet
sich gestutzter Satzbau, Ausdruck in der Schwebe, Mehrdeu-
tigkeit zusammen mit Sinngleichheit. Hier strömen Satz-
stücke, Satzglieder, Satzgefüge in neuem Stile. Hier spielen
sie, bald an einer Stelle verweilend, bald in gereihetem Fort-
schreiten. Bilderrede tut ihren Dienst, Ansprache greift an
und besänftigt, Ironie lächelt, Wort- und Satzschmuck wal-
ten zusammen mit Redefiguren ihres Amtes. Auch viele
andern und sozusagen alle, ob auch ungepflegten, Zutaten
der Rednerkunst, die in unserer beugungslosen Sprache möglich sind, kommen hier zur Wirkung, die der aufmerkende
Leser finden wird. Schließlich werde ich Euch mit lateini-

schen Ähren erquicken, die aus meinem unfruchtbaren Acker hervorragen.

Gegeben unter Bekräftigung durch mein Siegel am Vorabend des seligen Bartholomäus im Jahre 1428.

Anmerkungen

Übertragung

Kap. 1. In diesem Kapitel läßt der Verfasser die von der spätlateinischen Lehre entwickelten Sprachkunststücke spielen; man muß es laut lesen, um das recht zu erkennen. Erstaunlich ist, wie nah manche den Stilformen der ältesten germanischen Dichtung stehen: den Satzgleichlauf zeigt in starrerer Form schon der steinzeitliche Wurmsegen, in ähnlich gelockerter wie im *Ackermann* und in derselben Dreizahl der aus den ersten nachchristlichen Jahrhunderten stammende zweite Merseburger Zauberspruch.

Mit dem Rufe »Zeter« und »Waffen« begann die tatsächliche und rechtliche Verfolgung des auf handhafter Tat ertappten Verbrechers.

Kap. 2. Der Tod lehnt es höhnisch ab, sich mit dem Kläger auf eine Stufe zu stellen.

Die älteren Satansprozesse und ähnliche Darstellungen waren Reimdichtungen. Johannes von Tepl verwendet als erster hierfür die ungebundene Rede.

Kap. 3. Daß der Mensch als Ackermann aufgefaßt wird, ist alter Brauch und geht letzten Endes auf die Sage von der Vertreibung aus dem Paradiese zurück. Angeregt hat den Verfasser vielleicht auch das englische Gedicht *Peter der Pflüger*. Daß der Stadtschreiber sich bildlich »Ackermann mit dem Pflug aus Vogelkleid« (der Feder) nennt, gehört zu dem von den Meistersingern entwickelten »geblümten« Stile; ganz ähnliche Bildumschreibungen liebt die altnordische Skaldendichtung. Der zwölfte Buchstabe ist M: des Verfassers Frau hieß Margaretha: solche verrätselten Angaben gehören ebenfalls zu dem geblümten Stil.

Kap. 4. Auch der Name der Stadt wird geblümt ausgedrückt.

Gerenmantel ist ein Mantel, dessen unterer Saum mit speerblattähnlichen Dreiecken besetzt ist: Syn (Göttin) der Gere, nennt der Skalde Egil Skallagrimsson einmal eine Frau.

Kap. 6. Der Tod nennt sich den Herrn, während der Ackermann immer Knecht bleiben müsse.

Kap. 8. Noch stolzer berühmt sich jetzt der Tod, der Herr der irdischen Lande zu sein, und beruft sich darauf, daß sein Tun notwendig sei, damit die Welt bestehen könne, und daß es dem göttlichen Willen entspreche.

Kap. 11. Der »Züchtiger« ist der Folterknecht. Mancherorts war es

Brauch, daß dieser den Gefolterten um Verzeihung bat, ähnlich wie die Kirche, die den im Inquisitionsprozeß verurteilten Ketzer dem weltlichen Arm zur Verbrennung überlieferte, bat, mit ihm milde zu verfahren.

Kap. 12. Der Schlußteil führt breiter aus, was das Nibelungenlied mit den Worten sagt: »wie liebe mit leide ze jungest lônen kan.«

Kap. 13. Immer mehr geht der Ackermann von der Anklage zur Klage über sein Leid über.

Kap. 14. Der Tod erwidert, daß er gnädig und huldvoll gehandelt habe und daß es das beste für den Menschen sei, früh und in der Blüte seiner Kraft zu sterben.

Das heilige Jahr war das Jahr 1400; Petri Kettenfeiertag ist der 1. August, der Todestag Margarethas.

Kap. 15. Der Ackermann bestreitet die beschönigenden Behauptungen des Todes. Doch wird er schwankend: ist der Tod wirklich ein einfacher Mörder? Wo stammt er eigentlich her, und woher hat er seine Macht?

Kap. 16. Der Tod sucht nun den Ackermann über sein Wesen zu belehren. Sein Handeln sei gerecht. Gott habe ihn im Paradies geschaffen und ihm den rechten Namen gegeben. (Erst mit der Namensgebung wird etwas Erschaffenes volle und feste Wirklichkeit.) So habe er seine Herrschaft erlangt.

Das Bild in dem römischen Tempel, von dem der Tod erzählt, ist uns nicht bekannt.

Kap. 17. Der Ackermann bestreitet, daß der Tod gerecht handle, und versucht nun selbst zu spotten.

Kap. 18. Der Tod überbietet alsbald den Hohn des Ackermanns. Indem er die sogenannte Adamsmystik auf ihn anwendet, stellt er ihn als den Vertreter der ganzen Menschheit hin und läßt ihn an allem beteiligt sein, was hervorragende Menschen einmal vollbracht haben.

Der Verfasser bezieht sich hier auf eine Menge von Geschichten, die in seiner Zeit geläufig waren. Der Löwentöter ist vielleicht Simson. Platons Akademie hält der Verfasser irrtümlich für eine Stadt. Auch das Schiff aus Rohr ist ein Mißverständnis: der Schiffer, der in einem kleinen Boote Cäsar über das Meer fuhr, wohnte in einer Hütte aus Rohr. Der Philosoph, der den Kaiser Nero unterwies, ist Seneca. Paris war die berühmteste Universität des Mittelalters. Aber auch alles, was dort gelehrt und getrieben wurde, gilt dem Tod als lächerliches Gaukelspiel. – Wer auf einer Ochsenhaut saß, sollte Einblick in die Zukunft erlangen.

Kap. 19. Der Ackermann gibt weiter nach. Er bittet den Tod, ihn zu belehren, ob er unziemlich gehandelt habe, und verspricht, solches gegebenenfalls zu entgelten. Sei er aber keiner Unziemlichkeit schuldig, so möge der Tod ihm den Schaden vergüten oder ihn wenigstens unterweisen, wie er selbst Vergütung erlangen könne.

Kap. 20. Mit den alten Gründen, doch in freundlicheren Worten, rät der Tod ihm wieder davon ab, zu trauern.

Kap. 21. Weiter nachgebend, bittet der Ackermann jetzt nur noch um Belehrung, wie er sein Leid überwinden könne.

Kap. 22. Ungeduldig geworden, nimmt der Tod, ohne jedes Verständnis für menschliche Gefühle, seinen Hohn wieder auf.

Kap. 23. Vergeblich sucht der Ackermann bei dem Tod Verständnis zu erwecken.

Kap. 24. Der Tod antwortet nur mit schärfer ätzendem Spott und geht jetzt selbst zum Angriff über.

Er benutzt hierfür, was christliche Asketen nach dem Grundsatz »je schmutziger und widerwärtiger, desto heiliger« über den leiblichen Teil des Menschen lehrten.

Der menschliche Körper sei, richtig betrachtet, nichts als ein Gefäß des Unrats und könne nur Ekel erregen. Deshalb solle der Ackermann Liebe und Leid aufgeben und seine Frau vergessen.

Kap. 25. Erregt schreitet der Ackermann zum Gegenangriff: mit seiner Schändung des Menschen schmähe der Tod in Wahrheit Gott, der den Menschen als vernunftbegabtes Wesen geschaffen, mit den feinsten Sinneswerkzeugen ausgestattet und über alle andern Lebewesen gesetzt habe.

Kap. 26. Der Tod weicht aus: möge der Mensch auch so trefflich ausgestattet sein, wie der Ackermann behaupte, dennoch müsse er ihm verfallen. Alle Künste und Wissenschaften, die der Tod einzeln aufzählt, könnten ihm nicht helfen.

Kap. 27. Wieder einlenkend, bittet der Ackermann nun sanftmütig den Tod, ihm zu raten, wie er sein Leben einrichten solle.

Kap. 28. Der Tod rät von der Ehe ab: sie sei eine schwere Bürde; die Weiber seien voll von Lastern und Schlechtigkeiten.

Kap. 29. Der Ackermann antwortet, indem er nach Art und Sprechweise der Minnesänger die Frauen preist.

Kap. 30. Der Tod verspottet den Ackermann als unbelehrbaren Narren: was er lobe, sei nur Begierde des Fleisches oder der Augen oder Hoffart! Er, der Tod, habe die besten Menschen vernichtet, ohne daß man ihn darum geschmäht habe. Von den hier Aufgezählten ist Markgraf Wilhelm der von Wolfram von Eschenbach und andern besungene Willehalm; der starke Boppe ist ein öfters genannter und beim

Volke anscheinend beliebter Held, von dem wir aber nichts Näheres wissen.

Kap. 31. Ohne auf die letzten Ausführungen einzugehen, zeiht der Ackermann den Tod widerspruchsvoller Rede. Dieser wolle kein Geist, sondern des Lebens Ende sein. Wenn aber alles Leben vergangen sei, so sei für ihn nicht mehr auf Erden Platz, sondern nur noch in der Hölle. Plato und andre Philosophen (der Verfasser denkt wohl an Seneca) hätten aber gelehrt, daß alle Dinge zwar ewig wandelbar, aber unzerstörbar seien. Hiermit gerät der Ackermann freilich in Widerspruch mit der christlichen Lehre, wonach die Erde beim Jüngsten Gericht untergehen soll.

Zum Schluß läßt der Dichter den Ackermann sehr maßvoll auf seine fast vergessene Anklage zurückkommen. Das muß er, um Gottes Urteilsspruch bringen zu können.

Kap. 32. Der Tod erwidert, die Erde sei auf Vergänglichkeit gegründet. Die Menschen hätten in ihrem Streben nach Macht und Reichtum alle Dinge verkehrt. Das führt er im Anschluß an eine Schrift Innozenz' III. aus. Mit den Worten des Psalms 33,15 (Luther: Psalm 34,15) rät er schließlich dem Ackermann, Böses zu lassen, Gutes zu tun und den Frieden zu suchen und zu bewahren. Jetzt ruft auch er die Entscheidung Gottes an.

Kap. 33 enthält das schon in der Einführung mitgeteilte Urteil Gottes.

Kap. 34. Die Anfangsbuchstaben der Absätze 1–3 und 6–8 ergeben »Johann«; die beiden fehlenden Buchstaben E und S stehen am Anfang der Absätze 4 und 5. Eine Umstellung würde aber den Zusammenhang stören. Die Anfangsbuchstaben der beiden letzten Absätze M und A sind der erste und der zweite, oder auch der letzte, Buchstabe des Namens der Verstorbenen, Margaretha.

Widmungsbrief

Den Widmungsbrief hat 1933 Konrad Joseph H e i l i g in einer Sammlung von Sprachmustern gefunden. Er zeigt, daß der Dichter sich nicht, wie früher fast allgemein angenommen, Johannes von Saaz, sondern Johannes von Tepl genannt hat, wobei Tepl jedoch kein eigentlicher Familienname, sondern die Bezeichnung der Herkunft ist.

Zuerst macht der Verfasser in dem Brief mit der übertriebenen äußerlichen Bescheidenheit, die in jener Zeit üblich war, sein Werk und seine Sprache schlecht. Sodann aber zählt er selbstbewußt alle

Sprachkunststücke auf, die sein Büchlein enthält. Hieraus darf man jedoch nicht schließen, daß der *Ackermann* lediglich eine Stilübung sein sollte, daß der Verlust seiner Frau den Verfasser also nur auf den Gedanken gebracht habe, ihn für eine Sprachetüde zu benutzen: zweifellos hat der Dichter der Verstorbenen mit seinem Werke ein Denkmal setzen wollen, das dem anspruchsvollsten Geschmack seiner Zeit so vollkommen wie möglich entsprechen sollte. Dem Briefempfänger gegenüber rühmt er aber nur die äußere Kunst; von seinen Gefühlen wollte er da nicht reden.

Die Jahreszahl 1428 beruht auf einem Schreibversehen: von den in der Sammlung enthaltenen Stücken ist keines jünger als 1404.

Nachwort

Verfaßt ist der *Ackermann*, vermutlich 1401 oder ein bis zwei Jahre später, von Johann von Tepl, Stadtschreiber zu Saaz in Böhmen. Zu seinem Werk veranlaßt hat diesen der Tod seiner Frau Margaretha, die am 1. August 1400 im Kindbett starb.

Der frühe Tod seiner geliebten Gattin hat den Dichter schwer getroffen. Er haderte mit seinem Schicksal, das sich ihm in der Gestalt des Todes verkörperte. Doch rang er sich zu der Erkenntnis durch, daß der Tod die notwendige Kehrseite des Lebens und ein unentbehrliches Glied der Weltordnung ist. Als gläubiger Christ nahm er schließlich sein Unglück als Willen seines Gottes hin.

Schmerz und Verzweiflung zu überwinden, half ihm die Tat: er gab seinem inneren Erleben künstlerische Gestalt und stellte es außer sich hin. So hat er das Sprachkunstwerk geschaffen, das im deutschen Spätmittelalter als höchstes aufragt, und damit der Toten ein unvergängliches Denkmal gesetzt.

Geistesgeschichtlich steht das Werk an einem Zeitpunkt, wo sich die mittelalterlichen Bindungen endgültig zu lockern beginnen und sich eine Wende ankündigt. Die römisch-katholische Kirche war in die Herrschaftsgebiete zweier Päpste zerfallen, und vielerorts erhob sich scharfe Kritik an ihren Einrichtungen. Von Italien her begannen der Humanismus und die mit ihm verschwisterte Renaissance einzuströmen. Grade in Böhmen geschah das zuerst. So steht die Dichtung zwar im Mittelalter; das erste Wehen eines Morgenwindes verkündet aber schon eine neue Zeit.

Gestaltet ist das Werk als Streitgespräch zwischen einem »Ackermann«, der aber selbst erklärt, daß er kein wirklicher Landmann, sondern ein Ackermann der Feder sei, und dem leibhaftig vorgestellten Tod. Es hebt an mit einer von wilden Beschuldigungen erfüllten Anklage, wie sie der geltende Rechtsgang ursprünglich nur gegen den bei handhafter Tat betroffenen Verbrecher, später aber allgemein gegen »schädliche Leute« zuließ, wir würden sagen: gegen gemeingefährliche Verbrecher.

Der Tod geht auf den rechtlichen Angriff überhaupt nicht ein. Er antwortet sachlich und überlegen mit kaltem Hohn. So drängt er den Gegner, der freilich immer wieder in den Ton seiner verzweifelten Anschuldigungen und Schmähungen verfällt, so weit zurück, daß dieser statt der Vernichtung des Todes nur noch Vergütung für seinen Verlust begehrt und schließlich den Tod sogar bittet, ihm zu raten, was er tun solle in seinem Leid.

So wandelt sich der Rechtsstreit in ein einfaches Streitgespräch. Beendet wird dieses durch den Schiedsspruch Gottes, der zwar dem Ackermann Ehre gönnt, dem Tod aber den Sieg zuspricht: der Mensch schuldet dem Tod das Leben, den Leib der Erde und die Seele Gott. Das Werk schließt mit einem innigen Gebet des Ackermanns für die Seele seiner Frau.

Beide Gegner stellen die schärfsten persönlichen und weltanschaulichen Gegensätze dar. Der Ackermann läßt Herz und Gefühl sprechen; durch den Mund des Todes redet der kalte Verstand. Der Ackermann bewertet die Welt und den Menschen hoch; dem Tod gilt der menschliche Leib als ein Kübel voll Unrat und die Erde als Stätte eiteln und sinnlosen menschlichen Treibens. In dem Ackermann kündet sich hierin schon die kommende Renaissance an und damit die neue Zeit; der Tod hält starr an der weltfeindlichen Auffassung fest, die die mittelalterliche Kirche lehrte.

Sprachlich vermählen sich spätlateinische Rednerkunst und meistersingerisches Wortgepränge. Aber auch Ausdrücke aus der mittelalterlichen Gesellschaftsdichtung verschmäht er nicht; und selbst vor einzelnen derberen Wendungen der Fastnachtsspiele scheut er nicht zurück. Neu ist im Deutschen, daß er all diese Kunst und Künstelung in ungebundener Rede verwendet. Was er von griechischer und römischer Weltweisheit kannte, läßt er aufmarschieren, auch wenn es als Abschweifung zu wirken droht.

Zu der Gesamtanlage haben den Dichter erstens die zahlreichen Streitreden zwischen dem Leben und dem Tod oder dem Menschen und dem Tod und zweitens die Satansprozesse angeregt, wo der Satan dagegen Klage führt, daß Jesus ihm die Seelen der Menschen rechtswidrig entzogen habe. Aus dem Altertum stammend sind diese Darstellungen seit dem zwölften Jahrhundert wieder belebt worden.

Die Sprache des Werkes ist ein spätes Mittelhochdeutsch, das aber dem Neuhochdeutschen schon nahe steht. Dies hängt damit zusammen, daß der Verfasser die Sprache der böhmischen Kanzlei verwendet, nach der über ein Jahrhundert später Luther seine neuhochdeutsche Bibelsprache geschaffen hat.

Erhalten ist der *Ackermann* in 16 Handschriften und 17 Drucken, die aber alle, zum Teil beträchtlich, voneinander abweichen. Nur eine Handschrift stammt aus dem zweiten Jahrzehnt des 15. Jahrhunderts. Von den andern geht keine über die Mitte dieses Jahrhunderts zurück, und die Drucke beginnen erst ein Jahrzehnt später. Der ursprüngliche Text läßt sich daher nur annähernd herstellen.

Unsere Übersetzung schließt sich im großen und ganzen der Ausgabe von Bernt und Burdach an, hat aber auch die von Hübner ausgiebig benutzt und ist in einzelnen Punkten der von Hammerich gefolgt.

F. G.

Der Text der vorliegenden Ausgabe wurde nachträglich der Übersetzung von Felix Genzmer gegenübergestellt; er folgt der Edition von Arthur Hübner (siehe Bibliographie). Unstimmigkeiten zwischen Text und Übertragung gehen auf die verschiedene Bewertung der Handschriften und Drucke sowie des tschechischen *Tkadleček* zurück.

Bibliographie

Zusammengestellt von Wolfgang Mieder

Eine vollständige Bibliographie zu Johannes von Tepls *Ackermann
aus Böhmen* steht trotz der umfangreichen Sekundärliteratur immer
noch aus. Es befinden sich allerdings in einigen der Textausgaben
sowie in den größeren Untersuchungen zu diesem wichtigen Werk
hilfreiche bibliographische Zusammenstellungen, worauf in den folgenden Belegen mit den jeweiligen Seitenzahlen hingewiesen wird.
Hinzu kommen einige Forschungsberichte zu diesem Prosatext, die
ebenfalls bibliographische Hinweise enthalten. Die hier vorgelegte
Auswahlbibliographie soll die Forschungsgeschichte widerspiegeln
und gleichzeitig die wissenschaftliche Arbeit mit diesem Werk er-
leichtern.

1. Ausgaben

Der Ackermann aus Böheim. Gespräch zwischen einem Witwer und
 dem Tode. Hrsg. von Friedrich H. von der Hagen. Frankfurt a. M.
 1824.
Der Ackermann aus Böhmen. Hrsg. und mit dem tschechischen
 Gegenstück verglichen von Johann Knieschek. Prag 1877. Neudr.
 Hildesheim 1968.
Der Ackermann und der Tod. Ein Streit- und Trostgespräch vom
 Tode aus dem Jahre 1400 von Johannes von Saaz. Hrsg. von Alois
 Bernt. Leipzig 1916.
Der Ackermann aus Böhmen. Hrsg. von Alois Bernt und Konrad
 Burdach. Berlin 1917.
Johannes von Saaz. Der ackermann und der tod. Faksimile-Ausgabe
 des ersten Druckes von Johannes von Saaz' Schrift »Der Acker-
 mann und der Tod«. Hrsg. von Alois Bernt. Leipzig 1919.
Der Ackermann aus Böhmen des Johannes von Saaz. Hrsg. von Alois
 Bernt. Heidelberg 1929.
Der Ackermann aus Böhmen. Textausgabe von Arthur Hübner.
 Leipzig 1937.
Johann von Tepl. Der Ackermann aus Böhmen. Die Frühzeit des
 Humanismus und der Renaissance in Deutschland. Hrsg. von
 Hans Rupprich. Leipzig 1938.

Johannes von Tepl: Der Ackermann aus Böhmen. Ein Streit- und Trostgespräch aus dem Jahre 1400. Übertr. von Hermann Kunisch. Freiburg 1940.

Johannes von Saaz. Der Ackermann aus Böhmen. Hrsg. von Erich Gierach und übertr. von Erwin Guido Kolbenheyer. Prag 1943.

Johannes von Tepl. Der Ackermann aus Böhmen. Hrsg. von Louis Hammerich. Kopenhagen 1944.

Der Ackermann aus Böhmen. Von der Klage des Menschen wider den Tod und Gottes Urteil. Das dialektische Meisterwerk der deutschen Frührenaissance um 1400 von Johannes Saaz. Hrsg. von Franz Lorenz. München 1950.

Johann von Tepl. Der Ackermann aus Böhmen. Hrsg. von Keith Spalding. Oxford 1950.

Der Ackermann aus Böhmen. Hrsg. von Felix Genzmer. Stuttgart 1951.

Der Ackermann aus Böhmen. Hrsg. von Louis L. Hammerich und Günther Jungbluth. Kopenhagen 1951. [Bibliographie S. 7–18.]

Johannes von Tepl. Der Ackermann aus Böhmen. Hrsg. von Maurice O'C. Walshe. London 1951.

Johannes von Saaz. Der Ackermann aus Böhmen. Textausgabe von Louis L. Hammerich und Günther Jungbluth. Heidelberg 1951.

Johannes von Tepl. Der Ackermann. Auf Grund der deutschen Überlieferung und der tschechischen Bearbeitung kritisch hrsg. von Willy Krogmann. Wiesbaden 1954. [2]1964. [3]1969. [Bibliographie S. 249–264.]

Johann von Saaz. Der Ackermann aus Böhmen. Übers. von Erwin Guido Kolbenheyer. Wien 1957.

Der Ackermann und der Tod. Ein Streitgespräch von Johannes Tepl. Ins Neuhochdeutsche übertr. von Willy Krogmann. Wiesbaden 1957.

Der Ackermann und der Tod. Holzstiche von Wilfried Blecher. Ins Neuhochdeutsche übertr. von Hans Franck. Gütersloh 1963.

Johannes von Saaz. Der Ackermann aus Böhmen. Hrsg. von Günther Jungbluth. Bd. 1. Heidelberg 1969. [Bibliographie S. 11–29.] – Bd. 2: Kommentar. Aus dem Nachlaß von Günther Jungbluth† hrsg. von Rainer Zäck. Ebd. 1983. [Der bisher umfangreichste Stellenkommentar; ergänzte und bis 1981 weitergeführte Bibliographie.]

Der Ackermann aus Böhmen in Abbildung des Druckes e1. Hrsg. von Heinz Menge. Göppingen 1975.

Johannes von Tepl. Der Ackermann aus Böhmen. Hrsg. von Maurice O'C. Walshe. Hull 1982. [Bibliographie S. 32–37.]

2. Forschungsberichte

Bacon, Isaac: A Survey of the Changes in the Interpretation of »Ackermann aus Böhmen« with Special Emphasis on the Post–1940 Developments. In: Studies in Philology 53 (1956) S. 101–109.
– Descriptive Bibliography of Publications on the »Ackermann aus Böhmen«. 1950–1954. In: Studie in Philology 53 (1956) S. 109–113.
Beer, Karl: Einige Bemerkungen zur neueren Ackermannforschung. In: Zeitschrift für deutsche Philologie 56 (1931) S. 183–185.
Krogmann, Willy: Neue Funde der Ackermann-Forschung. In: Deutsche Vierteljahrsschrift für Literaturwissenschaft und Geistesgeschichte 37 (1963) S. 254–265. Wiederabgedr. in: »Der Ackermann aus Böhmen« des Johannes von Tepl und seine Zeit. Hrsg. von Ernst Schwarz. Darmstadt 1968. S. 526–543.
Philippson, Ernst A.: »Der Ackermann aus Böhmen«. A Summary of Recent Research and Appreciation. In: Modern Language Quarterly 2 (1941) S. 263–278.
Trunz, Erich: Der gegenwärtige Stand der Ackermann-Forschung. In: Zeitschrift für sudetendeutsche Geschichte 5 (1942) S. 245–268.

3. Textkritik

Anderson, Robert / Thomas, James: Index Verborum zum »Ackermann aus Böhmen«: Ein alphabetisch angeordnetes Wortregister zu Textgestaltungen des »Ackermann aus Böhmen« von Knieschek bis Jungbluth. 2 Bde. Amsterdam 1973/74.
Bernt, Alois: Forschungen zum »Ackermann aus Böhmen«. In: Zeitschrift für deutsche Philologie 55 (1930) S. 160–208; 301–337.
– Zur Textgestaltung des »Ackermann aus Böhmen«. In: Zeitschrift für deutsches Altertum und deutsche Literatur 72 (1935) S. 289 bis 291.
Halva, H. R.: Johann von Tepl und sein alttschechischer Epigone. Diss. Wien 1954.
Hammerich, Louis L. / Jungbluth, Günther: Die Stellung des »Tkadlec« in der Ackermann-Überlieferung. In: Zeitschrift für deutsche Philologie 74 (1955) S. 263–268.
Hübner, Arthur: Zur Überlieferung des »Ackermanns aus Böhmen«. In: Sitzungsberichte der Preußischen Akademie der Wissenschaf-

ten in Berlin. Philosophisch-historische Klasse. Jg. 1937. S. 22 bis 41.

Jaffe, Samuel: Die Konzipierung der Ackermanndichtung im Prager Metropolitankapitel Codex O. LXX. In: Virtus et Fortuna. Zur deutschen Literatur zwischen 1400 und 1720. Festschrift für Hans-Gert Roloff. Hrsg. von Joseph Strelka und Jörg Jungmayr. Bern 1983. S. 46–63.

Jungbluth, Günther: Ergebnisse und Fragen zum Text des »Ackermann aus Böhmen«. In: Der Deutschunterricht 17,2 (1965) S. 48–62.

Knieschek, Johann: Das Verhältnis des »Ackermanns« zum »Tkadleček« und die Hypothese einer gemeinsamen Vorlage. In: Mitteilungen des Vereins für die Geschichte der Deutschen in Böhmen 16 (1878) S. 302–310.

Kossmann, E.: Das Handschriftenverhältnis im »Ackermann aus Böhmen«. Diss. Bonn 1884.

Krogmann, Willy: Zur Textkritik des »Ackermann«. In: Zeitschrift für deutsche Philologie 69 (1946) S. 35–96. Wiederabgedr. in: »Der Ackermann aus Böhmen« des Johannes von Tepl und seine Zeit. Hrsg. von Ernst Schwarz. Darmstadt 1968. S. 403–489.

– Textbesserungen zum Ackermann 32,24 ff. In: Zeitschrift für deutsches Altertum und deutsche Literatur 84 (1952) S. 172–174.

– Ackermann und Tkadlec. In: Zeitschrift für slavische Philologie 22 (1953/54), S. 272–304.

– Untersuchungen zum »Ackermann«. In: Zeitschrift für deutsche Philologie 72 (1953) S. 67–109; 73 (1954) S. 73–103; 74 (1955) S. 41–50; 75 (1956) S. 255–274; 76 (1957) S. 95–106.

– Zur Überlieferung des »Ackermann«. In: Zeitschrift für deutsches Altertum und deutsche Literatur 86 (1955) S. 68–76.

– Verderbnisse der Ackermannüberlieferung. In: Zeitschrift für Mundartforschung 27 (1960) S. 251–255.

– Eine »Ackermann«-Handschrift zwischen Urschrift und Archetypus. In: Zeitschrift für deutsche Philologie 86 (Sonderheft 1967) S. 80–90.

Leitzmann, Albert: Die Abfassungszeit des »Ackermanns aus Böhmen«. Beiträge zur Geschichte der deutschen Sprache und Literatur 32 (1907) S. 297–298.

Rosenfeld, Hellmut: Der alttschechische »Tkadleček« in neuer Sicht. Ackermann-Vorlage, Waldenser-Allegorie oder höfische Dichtung? In: Die Welt der Slaven 26 N. F. 5 (1981) S. 357–378.

Schirokauer, Arno: Die Editionsgeschichte des »Ackermann aus

Böhmen«. Ein Literaturbericht. In: Modern Philology 52 (1954/55)
S. 145–158.

Schröder, F. R.: Stellen zum »Ackermann aus Böhmen«. In: Germa-
nisch-Romanische Monatsschrift 10 (1922) S. 372–375.

Walshe, Maurice O'C.: Textkritisches zum »Ackermann aus Böhmen«. In: Zeitschrift für deutsche Philologie 71 (1952) S. 162–183.

– Establishing the Text of the »Ackermann aus Böhmen«. In:
Modern Language Review 52 (1957) S. 526–536.

– »Der Ackermann aus Böhmen«: Quellenfrage und Textgestaltung.
In: Deutsche Literatur des späten Mittelalters. Hamburger Collo-
quium 1973. Hrsg. von Wolfgang Harms und Peter Johnson. Berlin 1975. S. 282–292.

Zatočil, Leopold: Textkritisches zum »Ackermann«. In: Zeitschrift
für deutsches Altertum und deutsche Literatur 75 (1938) S. 118 f.

– Textkritische Bemerkungen zum »Ackermann aus Böhmen«. In:
Sbornik praci Filosofické fakulty Brněnské university. Rada A.
22/23 (1974/75) S. 159–171.

– Zwei Prager lateinische Texte als Quellen des »Ackermann aus
Böhmen«. In: Brünner Beiträge zur Germanistik und Nordistik 1
(1977) S. 7–21.

Zedler, Gottfried: »Der Ackermann aus Böhmen«. Das älteste mit
Bildern ausgestattete und mit beweglichen Lettern gedruckte Buch
und seine Stellung in der Überlieferung der Dichtung. Mainz 1918.

4. Johannes von Tepl (Saaz)

Beer, Karl: Neue Forschungen über den Schöpfer des Dialogs »Der
Ackermann aus Böhmen«. In: Jahrbuch des Vereines für Geschich-
te der Deutschen in Böhmen 3 (1930/33) S. 1–56. Wiederabgedr. in:
»Der Ackermann aus Böhmen« des Johannes von Tepl und seine
Zeit. Hrsg. von Ernst Schwarz. Darmstadt 1968. S. 60–129.

Bernt, Alois: Zur Person des Ackermanndichters. In: Zeitschrift für
deutsche Philologie 56 (1931) S. 188–194.

Blaschka, Anton: Ackermann-Epilog. In: Mitteilungen des Vereins
für die Geschichte der Deutschen in Böhmen 73 (1935) S. 73–87.
Wiederabgedr. in: »Der Ackermann aus Böhmen« des Johannes
von Tepl und seine Zeit. Hrsg. von Ernst Schwarz. Darmstadt
1968. S. 345–367.

– Ein Brieftopos des Ackermann-Dichters. In: Wissenschaftliche
Zeitschrift der Martin-Luther-Universität Halle-Wittenberg. Ge-

sellschafts- und sprachwissenschaftliche Reihe 1,3 (1951/52) S. 37 bis 40.

Burdach, Konrad: Der Dichter des »Ackermann aus Böhmen« und seine Zeit. 1. Hälfte. Berlin 1926. 2. Hälfte. Berlin 1932.

Gierach, Erich: Johannes von Tepl. In: Die Deutsche Literatur des Mittelalters. Verfasserlexikon. Hrsg. von Wolfgang Stammler und Karl Langosch. Bd. 2. Berlin 1936. Sp. 623–628.

Hahn, Gerhard: Johannes von Tepl. In: Die Deutsche Literatur des Mittelalters. Verfasserlexikon. Hrsg. von Kurt Ruh. Bd. 4. Berlin ²1983. Sp. 771–774.

Hammerich, Louis L.: Der Dichter des »Ackermann«. In: Zeitschrift für deutsche Philologie 56 (1931) S. 185–188.

– Der heilige Johann Nepomuk und Johannes von Saaz. In: Studi germanici 2 (1964) S. 3–36.

Heilig, Konrad Josef: Die lateinische Widmung des »Ackermanns aus Böhmen«. In: Mitteilungen des Österreichischen Instituts für Geschichtsforschung 47 (1934) S. 414–426. Wiederabgedr. in: »Der Ackermann aus Böhmen« des Johannes von Tepl und seine Zeit. Hrsg. von Ernst Schwarz. Darmstadt 1968. S. 130–147.

Hrubý, Antonín: Johannes von Tepl. In: Neue Deutsche Biographie. Bd. 10. Berlin 1974. S. 568–571.

Jaatinen, Martta. Der Dichter des »Ackermann aus Böhmen«. In: Neuphilologische Mitteilungen 65 (1964) S. 268–278.

Jahn, Rudolf: Der »Ackermann«-Dichter ein Tscheche? In: Sudetenland 16 (1974) S. 42–47.

Könneker, Barbara: Johannes von Tepl – Heinrich Wittenweiler – Oswald von Wolkenstein: Vergleich einer Zusammenschau. In: Akten des 6. Internationalen Germanisten-Kongresses. Tl. 3. Bern 1980. S. 280–287.

Krogmann, Willy: Das Akrostichon im »Ackermann«. In: Festschrift für Wolfgang Stammler. Hrsg. von J. Kiss und H. G. Udally. Berlin 1953. S. 130–145. Neudr. Göttingen 1973.

Pirchan, Gustav: »Rhetor et Poeta«. In: Zeitschrift für sudetendeutsche Geschichte 2 (1938) S. 218–229. Wiederabgedr. in: »Der Ackermann aus Böhmen« des Johannes von Tepl und seine Zeit. Hrsg. von Ernst Schwarz. Darmstadt 1968. S. 387–402.

Schwarz, Ernst: Neue Forschungen zur Person des Ackermanndichters. In: Bohemia. Jahrbuch des Collegium Carolinum 7 (1966) S. 9–26.

Walshe, Maurice O'C.: »Der Ackermann aus Böhmen« and its Latin Dedication. In: Moderne Language Review 47 (1952) S. 211–212.

Wocke, Helmut: Der Dichter des «Ackermann aus Böhmen«. Sein Werk und seine Zeit. In: Neue Jahrbücher für Wissenschaft und Jugendbildung 3 (1927) S. 562–568.

Wostry Wilhelm: Saaz zur Zeit des Ackermann-Dichters. München 1951.

5. Sprache und Stil

Bäuml, Franz H.: Rhetorical Devices and Structure in the »Ackermann aus Böhmen«. Berkeley (Calif.) 1960. [Bibliographie S. 123 bis 136.]

Borck, K. H.: Juristisches und Rhetorisches im »Ackermann«. In: Zeitschrift für Ostforschung, Länder und Völker im östlichen Mitteleuropa 12 (1963) S. 401–420.

Brandmeyer, Klaus: Rhetorisches im »Ackermann«. Untersuchungen zum Einfluß der Rhetorik und Poetik des Mittelalters auf die literarische Technik Johannes von Tepl. Diss. Hamburg 1970.

Erben, Johannes: Komposition und Tradition im »Ackermann aus Böhmen«. Bemerkungen zum Aufschlußwert der Wortbildung und des Wortgebrauchs. In: Sprache und Name in Österreich. Festschrift für Walter Steinhauer. Hrsg. von Peter Wiesinger. Wien 1980. S. 81–98.

Gillespie, George T.: »Der Ackermann aus Böhmen«: Style and Sincerity. Trivium 16 (1981) S. 29–43.

Hammerich, Louis L.: Hochsprache und Mundart im »Ackermann aus Böhmen«. In: For Roman Jakobson. Essays on the Occasion of His Sixtieth Birthday. Hrsg. von Morris Halle. Den Haag 1956. S. 195–200.

Henne, Helmut: Literarische Prosa im 14. Jahrhundert: Stilübung und Kunst-Stück. In: Zeitschrift für deutsche Philologie 97 (1978) S. 321–336.

Hennig, Reinhard Karl: Satzbau und Aufbaustil im »Ackermann aus Böhmen«. Diss. University of Washington 1968.

– Das erste Kapitel im »Ackermann aus Böhmen«: Eine Satz- und Strukturanalyse. In: Neophilologus 55 (1971) S. 157–174.

Hrubý, Antonín: Die Behandlung der Zitate im »Ackermann aus Böhmen«. In: Dichtung, Sprache, Gesellschaft. Akten des 4. Internationalen Germanisten-Kongresses 1970 in Princeton. Hrsg. von Victor Lange und Hans-Gert Roloff. Frankfurt a. M. 1971. S. 91–97.

Ittenbach, Max: Ein Spruchdichterzitat im »Ackermann aus Böhmen«. In: Zeitschrift für deutsche Philologie 63 (1938) S. 396 f.

Mieder, Wolfgang: Streitgespräch und Sprichwortantithetik. Ein Beitrag zur »Ackermann aus Böhmen«- und Sprichwortforschung. In: Daphnis 2 (1973) S. 1–32.

Reitzer, Johanna M.: Zum Sprachlich-stilistischen im »Ackermann aus Böhmen« mit besonderem Hinblick auf Rhythmus und Zahlensymbolik. Diss. University of Colorado 1954.

Schulze, Ursula: Was ist ein ›Gerenmantel‹? »Der Ackermann aus Böhmen« 4,11–13. In: Zeitschrift für deutsches Altertum und deutsche Literatur 101 (1972) S. 280–284.

Skala, Emil: Schriftsprache und Mundart im »Ackermann aus Böhmen«. In: Deutsch-tschechische Beziehungen im Bereich der Sprache und Kultur. Hrsg. von B. Havránek und R. Fischer. Berlin 1965. S. 63–72.

Stelzig, Helmut: »Ackermann«-Studie. Versuche einer sprachwissenschaftlichen Analyse (5. Kapitel). In: Wissenschaftliche Zeitschrift der Martin-Luther-Universität Halle-Wittenberg. Gesellschafts- und sprachwissenschaftliche Reihe 5 (1956) S. 435–438.

Stoltze, K.: Der zusammengesetzte Satz im »Ackermann aus Böhmen«. Diss. Bonn 1889.

Swinburne, Hilda: Word-order and Rhythm in the »Ackermann aus Böhmen«. In: Modern Language Review 48 (1953) S. 413–420.

Tschirch, Fritz: Kapitelverzahnung und Kapitelrahmung durch das Wort im »Ackermann aus Böhmen«. In: Deutsche Vierteljahresschrift für Literaturwissenschaft und Geistesgeschichte 33 (1959) S. 283–308. Wiederabgedr. in: »Der Ackermann aus Böhmen« des Johannes von Tepl und seine Zeit. Hrsg. von Ernst Schwarz. Darmstadt 1968. S. 490–525.

– Colores Rhetorici im »Ackermann aus Böhmen« (Aequivoca, Synonyma, Figurae etymologicae und Reimformeln). In: Literatur und Sprache im europäischen Mittelalter. Festschrift für Karl Langosch. Hrsg. von Alf Önnerfors, Johannes Rathofer und Fritz Wagner. Darmstadt 1973. S. 364–397.

Weber, Joachim: Kapitelaufbau und tektonischer Stil im »Ackermann aus Böhmen«. Diss. Göttingen 1949.

Zatočil, Leopold: ›Schabab‹ oder ›Schab ab‹ im »Ackermann aus Böhmen«. In: Sbornik praci Filosofické fakulty Brněnske university. Rada A. 21 (1973) S. 69–77.

6. Interpretationen

Bäuml, Franz H.: »Der Ackermann aus Böhmen« and the Destiny of Man. In: Germanic Review 33 (1958) S. 223–232.

– ›Tradition‹, ›Ursprünglichkeit‹ und der Dichtungsbegriff in der »Ackermann«-Forschung. In: Orbis Mediaevalis. Festgabe für Anton Blaschka. Hrsg. von Horst Gericke, Manfred Lemmer und Walter Zöllner. Weimar 1970. S. 9–30.

Blank, Walter: Aspekte der »Ackermann«-Interpretation. In: Der Deutschunterricht 17,2 (1965) S. 63–79.

Blaschka, Anton: 550 Jahre »Ackermann«. Deutsch-tschechische Kulturbeziehungen auf mittellateinischer Grundlage. In: Wissenschaftliche Zeitschrift der Martin-Luther-Universität Halle-Wittenberg. Gesellschafts- und sprachwissenschaftliche Reihe 1,3 (1951/52) S. 41–52.

– Der Topos Scribendi solari – Briefschreiben als Trost. In: Wissenschaftliche Zeitschrift der Martin-Luther-Universität Halle-Wittenberg. Gesellschafts- und sprachwissenschaftliche Reihe 5 (1955/56) S. 637–638.

– Zwei Beiträge zum Ackermannproblem. In: Deutsch-tschechische Beziehungen im Bereich der Sprache und Kultur. Hrsg. von B. Havránek und R. Fischer. Berlin 1965. S. 45–62.

Brand-Sommerfeld, Renée: Zur Interpretation des »Ackermann aus Böhmen«. In: Monatshefte 32 (1940) S. 387–397.

– Zur Interpretation des »Ackermann aus Böhmen«. Basel 1944.

Buchtmann, Ernstgünther: Die »Ackermann«-Dichtung. Ein Beitrag zu ihrer Interpretation. Diss. Marburg 1960.

Burdach, Konrad: Platonische, freireligiöse und persönliche Züge im »Ackermann aus Böhmen«. In: Sitzungsberichte der Preußischen Akademie der Wissenschaften in Berlin. Philosophisch-historische Klasse 14 (1933) S. 610–674. Wiederabgedr. in: »Der Ackermann aus Böhmen« des Johannes von Tepl und seine Zeit. Hrsg. von Ernst Schwarz. Darmstadt 1968. S. 148–238.

Deinert, Herbert: »Der Ackermann aus Böhmen«. In: Journal of Englisch and Germanic Philology 61 (1962) S. 205–216.

Delbono, Francesco: »L'Ackermann aus Böhmen«: Storia della critica et critica della storia. In: Studi Medievali 16 (1975) S. 379–394.

Eggers, Hans: »Der Ackermann aus Böhmen«. In: H. E.: Deutsche Sprachgeschichte. Bd. 3: Das Frühneuhochdeutsche. Reinbek b. Hamburg 1969. S. 89–99.

Ehrismann, Gustav: »Der Ackermann aus Böhmen«. In: G. E.:

Geschichte der Deutschen Literatur bis zum Ausgang des Mittelalters. Tl. 2.2,2. München 1935. Neudr. München 1966. S. 655–659.

Eis, Gerhard: Zu »Ackermann« 24,19 ff. und 32,25. In: Zeitschrift für deutsches Altertum und deutsche Literatur 86 (1955/56) S. 77–79.

– Zum »Ackermann aus Böhmen« (17,28 f. und 23,40 ff.). In: Neophilologus 46 (1962) S. 15–19. Beide Aufsätze von G. Eis wiederabgedr. in: G. E.: Kleine Schriften zur altdeutschen weltlichen Dichtung. Amsterdam 1979. S. 399–407.

Fischer, Rudolf: Regionales zum »Ackermann«. In: Forschungen und Fortschritte 40 (1966) S. 253 f.

Fleischhauer, Wolfgang: »Der Ackermann aus Böhmen« and the Old Man on the Mountain. In: Monatshefte 45 (1953) S. 189–201.

Hahn, Gerhard: Die Einheit des »Ackermann aus Böhmen«. Studien zur Komposition. München 1963. [Bibliographie S. 117–121.]

– Johannes von Saaz. »Der Ackermann aus Böhmen«. München 1964.

Hammerich, Louis L.: »Ackermann« 4,11 – Frauenlob »Minneleich« 2,6. In: Zeitschrift für deutsche Philologie 65 (1940) S. 176–178.

– Das römische Bild des Todes im »Ackermann aus Böhmen«. In: Humaniora. Essays in Literature, Folklore, Bibliography. Honoring Archer Taylor on His Seventieth Birthday. Hrsg. von Wayland Hand und Gustave Arlt. Locust Valley / New York 1960. S. 17–25.

– Johannes von Saaz und der Triumph des Todes im Camposanto von Pisa. In: Festgabe für Ulrich Pretzel zum 65. Geburtstag. Hrsg. von Werner Simon, Wolfgang Bachofer und Wolfgang Dittmann. Berlin 1963. S. 253–259.

Hennig, Reinhard Karl: Die Rechtfertigung des Todes unter dem Status Qualitatis: Zur Interpretation der Todesfunktion im »Ackermann aus Böhmen«. In: Zeitschrift für deutsche Philologie 91 (1972) S. 374–383.

Hrubý, Antonín: Der »Ackermann« und seine Vorlage. München 1971. [Bibliographie S. 217–222.]

– »The Plowman from Bohemia«. In: The Renaissance and Reformation in Germany: An Introduction. Hrsg. von Gerhart Hoffmeister. New York 1977. S. 17–32.

– Mittelalter und Renaissance im »Ackermann aus Böhmen«. In: Akten des 6. Internationalen Germanisten-Kongresses. Tl. 3. Bern 1980. S. 288–294.

Hübner, Arthur: Das Deutsche im »Ackermann aus Böhmen«. In:

Sitzungsberichte der Preußischen Akademie der Wissenschaften in Berlin. Philosophisch-historische Klasse 18 (1935) S. 323–398. Wiederabgedr. in: »Der Ackermann aus Böhmen« des Johannes von Tepl·und seine Zeit. Hrsg. von Ernst Schwarz. Darmstadt 1968. S. 239–344.

– Deutsches Mittelalter und italienische Renaissance im »Ackermann aus Böhmen«. In: Zeitschrift für Deutschkunde 51 (1937) S. 225–239. Wiederabgedr. in: Arthur Hübner: Kleine Schriften zur Philologie. Hrsg. von Hermann Kunisch und Ulrich Pretzel. Berlin 1940. S. 198–210. Erneut abgedr. in: »Der Ackermann aus Böhmen« des Johannes von Tepl und seine Zeit. Hrsg. von Ernst Schwarz. Darmstadt 1968. S. 368–386.

Jaffe, Samuel: Des Witwers Verlangen nach Rat: Ironie und Struktureinheit im »Ackermann aus Böhmen«. In: Daphnis 7 (1978) S. 1–53.

Jungbluth, Günther: Zum 18. Kapitel des »Ackermann aus Böhmen«. In: Märchen, Mythos, Dichtung. Festschrift zum 90. Geburtstag Friedrich von der Leyens. Hrsg. von Hugo Kuhn und Kurt Schier. München 1963. S. 343–373.

– Probleme der »Ackermann«-Dichtung. In: Wirkendes Wort 18 (1968) S. 145–155.

Kassing, Karl: Eine Konjektur zum »Ackermann· aus Böhmen«. In: Zeitschrift für deutsche Philologie 86 (1967) S. 391–397.

Koch, Hans Jürgen: Johannes von Tepl. »Der Ackermann aus Böhmen«. In: H. J. Koch: Mittelalter II. Stuttgart 1976. (Die deutsche Literatur. Ein Abriß in Text und Darstellung. Hrsg. von Otto Best und Hans-Jürgen Schmitt. Bd. 2.) S. 239–249.

Kuhn, Hugo: Zwei mittelalterliche Dichtungen vom Tod: »Memento mori« und der »Ackermann aus Böhmen«. In: Der Deutschunterricht 5,6 (1953) S. 84–93.

Kully, Rolf Max. Dialogue Mortis cum Homine: »La Laboureur de Bohème« et son procès contre la mort. In: Le Sentiment de la mort au Moyen Age. Hrsg. von Claude Sutto. Montreal 1979. S. 139–167.

Lenk, Werner: »Der Ackermann« und das Menschenleben. In: Ingeborg Spriewald, Hildegard Schnabel, W. Lenk und Heinz Entner: Grundpositionen der deutschen Literatur im 16. Jahrhundert. Berlin 1972. S. 114–148.

Leyen, Friedrich von der: »Der Ackermann aus Böhmen«. In: Deutsche Rundschau 47 (1921) S. 352–363.

Martini, Fritz: Die Gestalt des Ackermann im »Ackermann aus Böhmen«. In: Zeitschrift für deutsche Philologie 66 (1941) S. 37 bis 54.

– Der »Ackermann aus Böhmen«. In: F. M.: Das Bauerntum im deutschen Schrifttum von den Anfängen bis zum 16. Jahrhundert. Halle a. d. S. 1944. S. 214–219.

Mehrhoff, Herbert: »Der Ackermann aus Böhmen«. Ein Unterrichtsversuch mit Hilfe der Schallplatte. In: Der Deutschunterricht 16,5 (1964) S. 104–113.

Menge, Heinz H.: Die sogenannten »Formelbücher« des »Ackermann«-Dichters Johannes von Tepl: Ein Vorbericht. In: Litterae Ignotae: Beiträge zur Textgeschichte des deutschen Mittelalters: Neufunde und Neuinterpretationen. Hrsg. von Ulrich Müller. Göppingen 1977. S. 45–55.

Michael, Wolfgang F.: A Note on »Der Ackermann aus Böhmen« and »Das Münchner Spiel von 1510«. In: Modern Language Review 70 (1955) S. 192–195.

Müller, E. Maria: Johannes von Tepl: »Der Ackermann aus Böhmen«. In: Einführung in die deutsche Literatur des 12. bis 16. Jahrhunderts. Hrsg. von Winfried Frey, Walter Raitz und Siegfried Seitz. Bd. 2. Opladen 1982. S. 253–281.

Natt, Rosemarie: Der »Ackermann aus Böhmen« des Johannes von Tepl: Ein Beitrag zur Interpretation. Göppingen 1978. [Bibliographie S. 284–296.]

Quattrocchi, Luigi: Premessa per una interpretazione dell' »Ackermann aus Böhmen«. In: Studi germanici. N. F. 1 (1963) S. 45–66.

Rehm, Walther: Zur Gestaltung des Todesgedankens bei Petrarca und Johann von Saaz. In: Deutsche Vierteljahrsschrift für Literaturwissenschaft und Geistesgeschichte 5 (1927) S. 431–455. Wiederabgedr. in: »Der Ackermann aus Böhmen« des Johannes von Tepl und seine Zeit. Hrsg. von Ernst Schwarz. Darmstadt 1968. S. 31–59.

Reitzer, Johanna M.: Das zehnte Kapitel des »Ackermann aus Böhmen«. In: Monatshefte 44 (1952) S. 229–233.

– Das 33. Kapitel des »Ackermann aus Böhmen« mit besonderer Rücksicht auf Rhythmus und Zahlensymbolik. In: Monatshefte 47 (1955) S. 98–104.

Rosenfeld, Hellmut: Das römische Bild des Todes im »Ackermann«. In: Zeitschrift für deutsches Altertum und deutsche Literatur 72 (1935) S. 241–247. Wiederabgedr. in: Festgruß Hellmut Rosenfeld zum 70. Geburtstag. Hrsg. von Francis Brévart. Göppingen 1977. S. 11–17.

– »Der Ackermann aus Böhmen«. Scholastische Disputation vor 1370 oder humanistisches Wortkunstwerk von 1410? Zur Literatur im 3sprachigen Böhmen des Spätmittelalters. In: Akten des 6. Internationalen Germanisten-Kongresses. Tl. 3. Bern 1980. S. 295–301.

– »Der Ackermann aus Böhmen«. Von scholastischer Disputation zum spätmittelalterlichen Volksbuch. In: Europäische Volksliteratur. Festschrift für Felix Karlinger. Hrsg. von Dieter Messner. Wien 1980. S. 161–170.

Roth, Jeremy S.: The »Ackermann aus Böhmen« and the Medieval ›Streitgespräch‹. Diss. University of Chicago 1981.

Rupprich, Hans: »Der Ackermann« des Johannes von Tepl. In: H. R.: Die deutsche Literatur vom späten Mittelalter bis zum Barock. Tl. 1. München 1970. S. 393–400.

Schafferus, Ella: »Der Ackermann aus Böhmen« und die Weltanschauung des Mittelalters. In: Zeitschrift für deutsches Altertum und deutsche Literatur 72 (1935) S. 209–239.

Schirokauer, Arno: »Der Ackermann aus Böhmen« und das Renaissance Problem. In: Monatshefte 41 (1949) S. 213–217.

Schwarz, Ernst (Hrsg.): »Der Ackermann aus Böhmen« des Johannes von Tepl und seine Zeit. Darmstadt 1968. [Enthält 11 Aufsätze; vgl. unter W. Rehm, K. Beer, K. Burdach, K. J. Heilig, A. Hübner, A. Blaschka, G. Pirchan, W. Krogmann, F. Tschirch.]

Sichel, Giorgio: »Der Ackermann aus Böhmen«: Storia della critica. Florenz 1971. [Bibliographie S. 357–373.]

Stolt, Birgit: Rhetorik und Gefühl im »Ackermann aus Böhmen«. In: B. S.: Wortkampf: Frühneuhochdeutsche Beispiele zur rhetorischen Praxis. Frankfurt a. M. 1974. S. 11–30.

Swinburne, Hilda: Chapter XVIII of the »Ackermann aus Böhmen«. In: Modern Language Review 48 (1953) S. 159–166.

– Echoes of the »De consolatione Philosophiae« in the »Ackermann aus Böhmen«. In: Modern Language Review 52 (1957) S. 88 bis 91.

Szövérffy, Josef: »Der Ackermann aus Böhmen« und die Hymnentradition: Eine bisher unbeachtete Quelle für die Aufzählung der Artes in Kapitel XXVI. In: Literaturwissenschaftliches Jahrbuch der Görres-Gesellschaft 5 (1964) S. 327–334.

Trunz, Erich: »Der Ackermann aus Böhmen«. In: Zeitschrift für Deutsche Geistesgeschichte 2 (1939/40) S. 15–28.

Vogt-Hermann, Christa: »Der Ackermann aus Böhmen« und die jüngere Spruchdichtung. Diss. Hamburg 1962.

Walshe, Maurice O'C.: »Der Ackermann aus Böhmen«: A Structural
Interpretation. In: Classica et Mediaevalia 15 (1954) S. 130–145.
– Some Notes on »Der Ackermann aus Böhmen«. In: Deutung und
Bedeutung. Studies in German and Comparative Literature Pres-
ented to Karl-Werner Maurer. Hrsg. von Brigitte Schludermann,
Victor Doerksen, Robert Glendinning und Evelyn Firchow. Den
Haag 1973. S. 70–76.
Wehrli, Max: Johannes von Tepl: »Ackermann aus Böhmen«. In:
M. W.: Geschichte der deutschen Literatur vom frühen Mittelalter
bis zum Ende des 16. Jahrhunderts. Stuttgart 1980. (Geschichte der
deutschen Literatur von den Anfängen bis zur Gegenwart. Bd. 1.)
S. 839–849.
Winston, Carol Anne: The »Ackermann aus Böhmen« and the Book
of Job. Diss. University of Kansas 1979.
Wocke, Helmut: »Der Ackermann aus Böhmen«. In: Neue Jahrbü-
cher für das klassische Altertum, Geschichte und deutsche Litera-
tur 49 (1922) S. 279–288.
Wolff, Ludwig: »Der Ackermann aus Böhmen«. In: Wirkendes
Wort 1 (1950/51) S. 23–31.

Inhalt